INSUBMERSIBLE
MESSI

ISBN : 978-2-263-14583-4
Code éditeur : S14583
Dépôt légal : janvier 2017

Retrouvez-nous sur www.lisez.com

Solar, un département d'Édi8.

INSUBMERSIBLE
MESSI

ALEXANDRE JUILLARD

SOLAR
EDITIONS

Sommaire

1

Messi, *Mas que un club*

Dimanche 29 août 2021. Stade Auguste-Delaune à Reims. 22 h 07. Numéro 30 sur le dos, Messi entre en jeu, en lieu et place de son pote, Neymar Jr. Après une brève mais chaleureuse accolade, il trottine pour aller se placer au milieu du terrain, se gratte doucement la tête et, quelques instants plus tard, il touche son premier ballon, qu'il remet en une touche de balle au petit hibou italien, Marco Verratti.

Enfin, après presque trois semaines d'hystérie médiatique et footballistique, le sextuple Ballon d'or joue son premier match sous ses nouvelles couleurs du Paris Saint-Germain. Un événement qui fait le tour de la planète et que les 20 525 spectateurs qui ont rempli le stade ont la chance de vivre au plus près. Ils saluent chacun des 26 ballons qu'il va toucher, par des « Messi, Messi » ou des « Olé », tout au long des 25 minutes qu'il va passer sur la pelouse. Son père, Jorge, a fait également le déplacement. Il ne voulait pas manquer ce moment si particulier après avoir dû se frotter les yeux à l'heure de voir son rejeton porter le maillot du PSG plutôt que celui du Barça.

Trois semaines plus tôt, à peine, Lionel se préparait pour une dix-huitième saison sous les couleurs Blaugrana. Mais trois semaines dans le football, c'est une éternité. Et dans ce laps de temps, Leo est parti de Barcelone, a atterri à Paris avant de fouler, pour la première fois, un terrain de Ligue 1. Ce 29 août est une date historique pour Messi, le football mondial et la Ligue 1.

Jamais, le Stade de Reims n'avait attiré autant les regards. Et pourtant, ce club de l'Est de la France, capitale du champagne, a connu ses heures de gloire dans les années 50. Six titres de champion et deux finales de la Coupe d'Europe des clubs champions grâce, entre autres, aux buts de Just Fontaine, au talent de Raymond Kopa et à la vision d'un entraîneur hors norme, Albert Batteux. Le public rémois a toujours eu un faible pour les Argentins depuis que Carlos Bianchi a porté leur maillot dans les années 1970. En quatre saisons, « El Goleador » a laissé son empreinte en enquillant 105 buts en 124 matchs. Sauf qu'en 2021, la présence de Messi emporte tout.

Côté terrain d'abord, sa prestation est modeste pour un joueur de ce calibre : 25 minutes de jeu, 26 touches de balles, 21 passes dont 20 réussies et 3 fautes subies (co-record du match). L'Argentin a débuté son séjour parisien sur la pointe des crampons : il a joué simple et ne s'est pas lancé dans de folles arabesques dont il a le secret. Ce soir-là, c'est Kylian Mbappé, l'ex-futur joueur du Real qui a brillé pour donner la victoire aux Parisiens : un doublé pour une victoire de 2 buts à 0.

Au coup de sifflet final pourtant, les caméras et les joueurs présents sur la pelouse se précipitent vers la Pulga. C'est désormais lui LA star. Le gardien de but de Reims, Pedrag Rajkovic, ira même jusqu'à demander à l'Argentin une photo avec son fils, âgé de quelques mois, que sa femme se fera un plaisir de poster sur les réseaux sociaux. Messi est une rock star. Et ce premier match annonce une saison exceptionnelle pour la Ligue 1.

Les stades qui vont recevoir le PSG devraient tous afficher complet. À Reims, Alexandre Jeannin, le responsable de la billetterie du club raconte dans *L'Équipe* : « Le week-end précédant l'officialisation de Messi, on a vendu autant de billets (6 000) en quatre jours qu'en trois semaines. Le nombre de demandes a été exceptionnel, c'est difficilement quantifiable. Et on a eu des ventes assez incroyables sur la billetterie en ligne, avec des achats provenant d'un peu partout dans le monde : du Chili, de Corée du Sud, de Thaïlande, d'Égypte ou d'Inde, c'est une première. »

Même chose chez les médias. Le record d'accrédités au stade Aguste-Delaune a été battu. Il datait du 2 mars 2013, avec 114 journalistes et photographes inclus. C'était déjà pour le PSG et pour une autre star planétaire : David Beckham. Il jouait alors son troisième match pour le PSG au côté de Zlatan Ibrahimovic. Mais ce 29 août 2021, ils étaient presque 130 médias venus du monde entier à garnir la tribune de presse et la pelouse du stade. Même le *Washington Post* ou *Forbes* sont de la partie.

Ce premier match de Messi au PSG a un retentissement incroyable. Le PSG, pas peu fier de sa nouvelle star, s'est amusé à étudier l'impact des débuts de leur nouveau numéro 30. Ils ont engendré 8500 articles dans 115 pays. En cumulé, le nombre de personnes ayant potentiellement été en contact avec une information sur la première parisienne de Messi atteint le chiffre de 8,4 milliards. Le nombre d'interactions (partages, commentaires) par le public exposé à des posts du PSG sur Messi se chiffre à 14 millions, soit une hausse de 50 % affirme le club parisien. Et à la télévision, rarement un match de Ligue 1 a été autant suivi tout autour de la planète. En Espagne, par exemple, la chaîne Telecinco peut se frotter les mains d'avoir acheté les droits du match. Elle a réuni 2,2 millions de téléspectateurs (18,6 % de parts d'audience) soit, le programme télévisé le plus regardé du pays ce dimanche soir. Et dire qu'avant, le public espagnol pouvait se délecter du pied gauche du génial argentin, chaque week-end.

Les grands débuts de Lionel Messi viennent ponctuer trois semaines folles et mettre fin à un feuilleton commencé plus d'un an auparavant.

Mais que s'est-il passé alors ? En effet, tout portait à croire que l'Argentin, officiellement libre depuis le 1er juillet, allait prolonger son histoire avec le Barça. Depuis le mois d'avril, Jorge son représentant de père, discutait les contours de ce nouveau contrat avec la nouvelle direction. La Puce argentine, consciente de la crise économique qui secoue le mastodonte espagnol, avait consentie un gros effort financier. Les deux parties s'étaient mises d'accord sur un contrat de cinq saisons, jusqu'en 2026, chiffré à 350 millions d'euros. Une somme folle, certes, mais qui correspondait à près de 70 millions d'euros par an en moyenne alors que lors de la saison précédente, Messi touchait quelque 138 millions d'euros tout compris. Joan Laporta, de retour aux manettes, après son élection au mois de mars l'assure : « Nous nous étions même serré la main. » Les deux hommes étaient faits pour s'entendre. En effet, et pour la première fois depuis ses débuts au Barça, Leo Messi s'était donné la peine de voter lors des élections. Un geste fort et symbolique, qui promettait, en cas de victoire de Laporta, à qui il a donné sa voix, que l'Argentin poursuivrait sa carrière en Catalogne.

Mais au club, les dirigeants sont conscients que tout n'est pas si facile. Ils font et refont leurs calculs car le club est exsangue financièrement avec une dette estimée à plus d'un milliard d'euros. La masse salariale, énorme, doit être sérieusement revue à la baisse et même divisée par deux. Certains joueurs acceptent de faire des concessions. D'autres sont priés d'aller voir ailleurs. Plus le temps avance, plus le club prend conscience que la situation est compliquée. Poussé par la Liga, le Barça sait que son salut passe par accepter les conditions d'une nouvelle société économique créée par la Liga dans laquelle, le fonds d'investissement CVC, investit 2,7 milliards d'euros. De ses 2,7 milliards d'euros, 284 millions d'euros atterriraient directement dans les caisses du Barça. De quoi voir venir et surtout d'avoir les liquidités suffisantes pour payer son numéro 10. Mais les dirigeants catalans vont finalement revoir leur position car ils ne voulaient pas hypothéquer leur droit de télévision pendant 50 ans, ce que le deal prévoyait. « Ce n'était pas une bonne chose pour notre institution », assure alors Laporta. Cette décision politique sonne le glas pour Messi.

Après un glorieux été, marqué par l'obtention d'un premier grand trophée avec l'Argentine, Lionel Messi rentre de vacances, le mercredi 4 août et s'apprête à reprendre le chemin de l'entraînement, prévu le vendredi 6 août. Le 4 août pourtant, Laporta contacte Jorge Messi, pour lui annoncer que le Barça ne signera pas l'accord avec CVC et que le club est dans l'incapacité financière de prolonger l'aventure de son fils. Le choc est terrible car ni Jorge, ni Lionel ne s'y attendaient.

La nouvelle n'est pas encore officielle, mais Jorge passe un premier coup de fil, en début de soirée, à Nasser Al-khelaïfi, le président du PSG pour lui annoncer qu'il est disposé à entamer des discussions avec lui. Les négociations commencent. Le lendemain, le 5 août, à 19 h 33 très exactement, le Barça diffuse un communiqué sur ses plateformes numériques :

« *Même s'ils avaient trouvé un accord, le FC Barcelone et Leo Messi n'ont pas pu signer le nouveau contrat en ce jour et il ne pourra pas être formalisé en raison d'obstacles économiques et structurels (législation de la Liga).*

Face à cette situation, Leo Messi ne sera plus lié au FC Barcelone. Les deux parties regrettent profondément le fait de ne pas pouvoir répondre aux désirs du joueur et du Club.

Le Barça souhaite remercier chaleureusement le joueur pour tout ce qu'il a apporté à l'institution et lui désire le meilleur dans sa vie personnelle et professionnelle. »

Après 21 ans passés à Barcelone, Lionel Messi, 34 ans, n'est plus un joueur Blaugrana. La nouvelle fait vite le tour du monde et une question se pose immédiatement : où Messi va-t-il jouer ? Trois clubs sont régulièrement cités : Manchester City qu'entraîne Guardiola, Chelsea et le PSG. Lionel, sa femme et ses proches penchent plutôt pour le dernier nommé. Jorge et Nasser Al-Khelaïfi continuent donc de négocier. Aucun des deux autres clubs pressentis ne fait de forcing.

Alors que les rumeurs vont bon train, Messi encaisse la nouvelle, chez lui, dans sa villa de Castelldefels. Il lui faudra quelques jours avant de donner sa version des faits.

Le dimanche 8 août, vers midi, Messi, en costume sombre, se présente devant la presse à l'auditorium 1899 du club catalan. Il enlève son masque et les larmes coulent. Au premier rang, ses trois fils et sa femme, Antonella, sont là pour le soutenir. Au fil des années, il a pris de l'assurance et n'est plus ce gamin timide et réservé. Il se reprend et commence son discours :

« C'est très difficile pour moi après tant d'années passées ici. Je ne suis pas prêt pour cela. J'étais convaincu de continuer. Je suis ici depuis mes 13 ans, j'ai passé 21 années ici avec ma famille dans cette ville. Je suis reconnaissant au club et à tous mes coéquipiers. J'ai toujours tout donné pour ce club, depuis que je suis arrivé. Je quitte le club alors que je n'ai pas vu les supporters depuis un an et demi en raison de la pandémie et je voulais dire au revoir proprement. Je ne réalise pas bien ce qui se passe. L'idée de quitter ce club n'est pas encore totalement entrée dans mon esprit. Je dois repartir de zéro. Tout cela est difficile. C'est dur pour ma famille et mes enfants aussi car ils ont grandi ici. Je dois l'accepter et aller de l'avant.

Lorsque j'ai appris la nouvelle, mon sang s'est glacé. J'étais très triste et ce fut difficile. Je me sens toujours mal mais l'important c'est désormais que ma famille et mes proches aillent bien. Je voulais aussi vous dire ma version des faits car pour moi tout était réglé. J'ai baissé mon salaire de 50 % et j'ai tout fait pour rester et je ne sais pas si le club en a fait autant.

Mais maintenant, je vais continuer ma carrière ailleurs. J'aime jouer au football, c'est ma passion. J'aimerais bien finir ma carrière, prendre du plaisir et gagner des trophées. J'aimerais gagner une autre Ligue des champions et j'irai dans un club qui sera capable de la gagner. »

Ce club, c'est le PSG. En coulisses, les négociations avancent. Le club de la capitale française et le clan Messi arrivent vite à un accord pour un contrat de 2 saisons + 1 en option accompagné d'un salaire XXL de 40 millions d'euros net par an. Cet accord ne va pas tarder à être officiel et prouve que rien n'est éternel dans le football.

Lionel Messi a mis du temps à le comprendre. Et quand ce moment est arrivé, il n'y était pas forcément préparé.

Pendant des années, l'idée que Messi était l'homme, le joueur, d'une seule ville et d'un seul club en Europe, était bien ancrée dans l'esprit des supporters, des amateurs et des professionnels du football. Le joueur, lui-même, en était également persuadé. Et pourtant, et il faut être réaliste, tout a mal vieilli, depuis quelques années, au Camp Nou : les joueurs, les dirigeants et même les fans eux-mêmes.

Le problème n'est pas l'argent qu'il a gagné ou pas, ni le fait qu'il ait été le meilleur buteur et meilleur passeur de la Liga espagnole en 2019-2020, ni même le pichichi en 2020-2021. C'est vrai, ce sont des statistiques impressionnantes, mais ce n'est pas pour cela que Leo joue au football. Non, Messi est plus que des statistiques.

Lorsqu'il rentre sur un terrain, la Pulga a deux objectifs : s'amuser et gagner. Et le FC Barcelone, version pandémie 2020, ne pouvait plus le lui garantir. Un titre, une Coupe du Roi, pourquoi pas. Messi est plus gourmand car les deux trophées qui continuent de le faire courir sont la Ligue des Champions et la Coupe du Monde. En Ligue des Champions, force est de constater que la Barça n'a été que l'ombre de son glorieux passé ces quatre dernières saisons.

Une partie de la responsabilité revient à Guardiola lui-même, qui a donné de mauvaises habitudes aux Catalans. Il soutenait et soutien encore qu'il n'y a qu'une seule façon légitime de jouer et gagner au football. Une philosophie qui lui a permis de tout gagner lors de son brillant passage sur le banc catalan, et aussi parce qu'il avait alors les meilleurs joueurs, au meilleur de leur forme. Mais rien n'est éternel, et comparer le Barcelone de Luis Enrique, dernier vainqueur de la Ligue des Champions (2015) avec celui de Pep, de 2008 à 2012, est un exercice un peu masochiste. Le problème est que tout le monde, dirigeants, fans, joueurs et médias compris, ont longtemps été subjugués par les années Guardiola et ne voulaient surtout pas que quelqu'un contredise ce dogme.

Lentement mais surement, Barcelone et ses supporters ont cessé d'être heureux. Et comme Messi joue aussi au football pour être heureux, la belle histoire a fini par prendre du plomb dans l'aile : à la mi-2020, Josep María Bartomeu est devenu l'homme que personne ne voulait être à Barcelone, le président qui met fin à l'histoire de Messi avec le club.

Déjà, en août 2020, un premier coup semonce avait retenti dans le ciel de Barcelone, à l'issue d'une saison manquée. L'Argentin avait en effet signifié par un burofax, sorte de recommandé électronique ayant valeur légale en Espagne, sa volonté de faire valoir une clause de son contrat le laissant libre un an avant la fin de son engagement. À condition toutefois de l'avoir signifié avant la fin du mois de mai de la saison en cours. Le clan Messi pensait pouvoir arguer de la saison atypique et une fin de championnat retardée en raison de la pandémie du Covid-19. Une bataille juridique s'ensuivit, le président du Barça, Josep Maria Bartomeu, se montrant inflexible. L'Argentin se résolvait à poursuivre au Barça. La démission de Bartomeu puis l'élection en mars 2021 de Joan Laporta, avec lequel il s'entendait bien, semblait, cette fois, devoir le conduire à prolonger sa carrière en Catalogne.

Mais voilà qu'un an plus tard, en août 2021, le rôle ingrat est donc revenu à Joan Laporta, le nouveau président élu, qui n'a pas eu d'autre choix que de se séparer du plus grand joueur de l'histoire du club.

L'impact a été énorme dans un club abonné depuis plus de 15 ans, aux victoires et aux titres après des décennies de disettes. Il y a une trentaine d'années, c'est d'abord Johan Cruyff qui avait permis au Barça de tutoyer les sommets européens, avant que Messi et sa bande ne perpétuent cette nouvelle tradition pendant plus de 15 ans.

Il faut en effet se rappeler que ce n'est qu'en 1992 que Barcelone a remporté sa première Coupe d'Europe. Le Real Madrid, son meilleur ennemi, en comptait déjà six à cette époque. Pendant son passage au Barça, Messi en a ajouté quatre dans les vitrines du club (2006, 2009, 2011 et 2015), de quoi gonfler l'orgueil des fiers catalans et de se rapprocher des Merengues. Mais les cycles victorieux ont toujours une fin et la roue finit toujours pas tourner, c'est la cruelle loi du sport. Et pendant que les Blaugrana perdaient leur football et leur vorace appétit, et tombaient sans briller contre l'Atlético de Madrid, la Juventus, la Roma, Liverpool, le Bayern Munich et le Paris Saint-Germain, le Real, lui réalisait un exceptionnel triplé en Ligue des Champions (2016, 2017 et 2018).

À l'époque de l'échec du burofax, bon nombre de médias argentins ont opté pour un titre simple et direct : « Arde Barcelona » (« Barcelone brûle »). Mais ils étaient loin de la réalité car non, Barcelone ne brûlait pas.

Seules quelques dizaines de supporters ont crié leur mécontentement devant les grilles du Camp Nou, et cette image, presque sans passion à un moment clé dans l'histoire du club, a été le début de la confirmation que le cycle Messi touchait à sa fin. Bien sûr, certains pourraient trouver des explications à ce manque de passion : cette annonce est arrivée en plein mois d'août, pendant la pandémie et, c'est désormais sur les réseaux sociaux et non plus dans la rue, que les gens partagent leur colère. Mais quand même, il faut l'avouer, le Barça est un club froid, sans trop de passion ni de ferveur en comparaison à de nombreux clubs d'Europe et d'Amérique du Sud.

Messi a joué pendant 17 ans dans l'équipe première du Futbol Club Barcelona, plus d'une décennie et demie pendant laquelle le stade l'a toujours récompensé par un chant remarquable par son manque d'imagination et de stimulation : « Meeeeeeeeeeeeee eeeeeeeeeeeeeeeeeeeeeeeeeessi ! »

Et c'est tout. Une décennie et demie plus tard, rien d'autre n'a émergé du cœur du Barça que l'allongement du « e » dans le nom de famille de l'idole. Un geste d'admiration, c'est vrai, mais insuffisant quand vous avez le privilège d'avoir, chez vous, le meilleur footballeur de la planète, voire peut-être même de l'histoire.

Barcelone a beaucoup, beaucoup donné à un Messi qui est arrivé en Espagne à l'âge de 13 ans à la recherche d'un avenir que son pays ne le lui a pas offert. « Être parti à 13 ans en Espagne l'a sauvé, assure Fernando Signorini, ex-préparateur physique de Diego Maradona et de la sélection argentine. C'est la meilleure chose qui pouvait lui arriver. S'il était resté en Argentine, les Argentins l'auraient détruit. Ils sont trop impatients. Et la pression est énorme. Chaque club se bat pour quelque chose. Pour ne pas descendre, pour se qualifier pour la Copa Libertadores, pour gagner contre son pire ennemi. Les buteurs n'ont pas le droit d'être muets. Les meilleurs joueurs n'ont pas le droit d'être mauvais. Les dirigeants, les supporters, les journalistes, personne n'est jamais content. Personne ne lui aurait donc laissé le temps de grandir. En Espagne, au contraire, on l'a laissé en paix, il a été protégé, bien accompagné, bien dirigé et le Barça, ses dirigeants et ses supporters lui ont laissé le temps de grandir tranquillement. »

Pendant son long passage en Catalogne, Messi a marqué l'histoire à de nombreuses reprises. Mais un record en particulier restera dans les annales : il a inscrit 672 buts en 778 matchs. Il a fait mieux que le Roi Pelé au Santos, qui, de 1956 à 1974 a inscrit 643 buts en 656 matchs.

Mais il n'y a plus d'idolâtrie à Barcelone, où nombreux supporters considèrent désormais l'Argentin comme un « botifleur », un traître dans tous les sens du terme.

Messi a peut-être joué la majeure partie de sa vie à Barcelone, mais il connaît d'autres mondes, d'autres ambiances. Il sait comment un stade gronde et vibre en Italie, en Allemagne, en Angleterre ou en Argentine. Il sait que l'Atlético de Madrid, l'Athletic Bilbao ou Séville sont à part en Espagne. Il sait que si un jour il joue au Newell's Old Boys de Rosario, il ressentira autre chose, il sait que les sensations du Camp Nou ne peuvent être comparées à celles de l'Estadio Marcelo Bielsa.

Oui, le football est vécu différemment au Camp Nou, et ce n'est ni bien ni mal, c'est juste comme ça.

Messi mérite un stade qui, pour lui donner la chair de poule, n'a pas besoin d'un scénario fou, comme celui de la fameuse remontada contre le PSG en mars 2017 (victoire 6-1). Il mérite un public chaud et inconditionnel, qui, dès que son idole, pose un pied sur la pelouse, le pousse si fort qu'elle se sente galvanisée et indestructible, prête à toutes les folies pour gagner.

Et le changement a dû lui faire chaud au cœur tant les supporters du PSG et les médias français l'ont chaleureusement reçu. À l'aéroport du Bourget d'abord quelques minutes après son atterrissage, le 10 août, sur le tarmac parisien. Cela faisait plusieurs jours que les supporters guettaient son arrivée. Ils étaient quelques 120 000 à suivre le parcours de son jet privé sur l'application Flightradar, le plus célèbre des trackers de vol d'avion.

Alors, après avoir passé la douane, Lionel Messi bardé d'un tee shirt « Ici c'est Paris » a fait l'effort de saluer, depuis la fenêtre de l'aéroport de la banlieue parisienne, les milliers de supporters qui ont fait le déplacement. Ils étaient nombreux également à l'attendre au stade avec toute la panoplie des bons supporters : fumigènes, chants et banderoles.

Lionel Messi pose ses crampons dans un club qui vient de fêter ses 51 ans, pas grand-chose, comparé aux 121 ans du FC Barcelone. Jusqu'à l'arrivée des Qataris, en 2011, le PSG n'avait remporté que 2 titres en 1986 et 1994. Il avait déjà fait parler de lui sur la scène européenne et créé bien des tourments dans les années 1990 au Real ou au Barça, grâce à une équipe légendaire qui comptait dans ses rangs des joueurs qui ont marqué l'histoire du club : Bernard Lama, Alain Roche, Ricardo, Le Guen, Guérin, Valdo, David Ginola ou Georges Weah. Ensuite, les Parisiens ont eu une longue traversée du désert jusqu'à l'arrivée des Qataris au mois de juin 2011. Depuis, à coups de pétrodollars, le club s'est construit un palmarès XXL en gagnant 27 trophées dont 6 championnats et une nouvelle image, plus glamour et très parisienne.

À Paris, le football est devenu également un concept de lifestyle. C'est le premier club au monde qui s'équipe, par exemple, avec la marque Jordan depuis 2018. Et cette tendance lui permet d'aller au-delà du football et de toucher un public plus jeune, plus street, plus dans l'air du temps et de dépasser les frontières hexagonales. Le PSG, grâce à ses stars et à son marketing est devenue une marque globale et internationale. Et l'arrivée de la star incontestée du ballon rond va l'aider certainement à s'implanter dans de nouveaux territoires et à être plus visible et plus désiré.

L'arrivée de Messi a permis au PSG de montrer cette vision très moderne du business mais aussi son savoir-faire sur la communication numérique. Pour le seul mois d'août, le PSG a gagné 17,8 millions de fans sur les réseaux sociaux, en particulier sur Instagram (12,2 millions). Le jour même de sa signature et de sa présentation au Parc des Princes, le club a gagné 8,2 millions de fans. Grâce, bien sûr, à l'aura et à la renommée de la Puce argentine mais aussi aux nombreux contenus réalisés pour l'occasion. Des posts, des vidéos bien montées, le service digital du club, qui travaille en six langues (français, espagnol, anglais, arabe, indonésien et japonais), a su surfer sur cet événement international.

En un mois, le PSG est devenu, la marque française la plus suivie sur Instagram (plus de 49 millions de followers) devant Chanel, Louis Vuitton ou Dior. Le club a même enregistré deux nouveaux partenaires. Christian Dior d'abord, l'une des marques de luxe les plus connues de la planète, est devenu l'habilleur officiel du club à la place d'Hugo Boss. Et puis, dans un tout autre registre, le PSG a signé un partenariat avec Crypto.com, la première plateforme mondiale de cyrptomonnaie. Durée du contrat : 3 ans, dont une dernière année en option. Montant : 110 millions d'euros, dont 40 pour la troisième année optionnelle. « Ce montant a été atteint grâce à l'arrivé de Messi, dont une partie de la rémunération est payée en cryptomonnaie (fan token PSG), note *L'Équipe*. Le PSG a enregistré des bénéfices avec cette monnaie virtuelle. Toutes les négociations en cours avec des futurs sponsors se font sur des bases financières plus élevées qu'avant. »

À peine arrivé à Paris, Lionel Messi s'installe, avec sa famille, à l'Hôtel Royal Monceau, un palace situé dans le huitième arrondissement de la capitale. Le lendemain, le 11 août, la Pulga a un agenda de ministre pour sa première grande journée parisienne. Elle commence à 11 h, avec sa conférence de presse de présentation dans un auditorium au sous-sol du Parc des Princes. C'est une première pour lui, car jamais, il n'a été transféré d'un club à un autre. Avec un peu de retard et accompagné par Nasser Al-khelaïfi le président du PSG, il prend place dans la salle devant une centaine de journalistes venus du monde entier. Pendant une demie heure, le Qatari et l'Argentin vont répondre aux questions. Extraits :

« Je ressens un bonheur immense. J'ai la même envie qu'au premier jour. C'est une nouvelle expérience mais je suis prêt. Mon rêve est de remporter encore la Ligue des champions, c'est une compétition difficile, il faut être uni et fort, je vais tenter d'apporter mon expérience. » Avant de conclure sur l'équipe, ses potes, Neymar Jr, Di Maria et Paredes. Le club parisien a mis les petits plats dans les grands cette saison et possède l'un des effectifs les plus impressionnants d'Europe : Navas, Donnaruma, Hakimi, Serio Ramos, Marquinhos, Kimpembe, Verratti, Wijnaldum, Paredes, Gueye, Di Maria, Icardi, Mbappé, Neymar Jr et Messi, donc. Le club est paré pour tout gagner. La pression est grande.

Après cette conférence de presse en fin de matinée, Messi poursuit son marathon médiatique. Il aura même l'honneur d'une interview dans le journal de 20 h de TF1 et France 2, les grandes messes quotidiennes des deux principales chaînes françaises. Une première pour un footballeur, dans un pays où le ballon rond n'est pas aussi profondément ancré dans la société comme en Espagne, en Italie, en Angleterre ou en Argentine. Preuve supplémentaire que Messi est bien plus qu'un footballeur.

En tout cas, ce coup médiatique et sportif est une aubaine pour les Qataris qui sont prêts à tout à un an de la Coupe du Monde qu'ils organisent dans leur émirat. « Le ressort profond de ce transfert est assez simple finalement, quand ils peuvent avoir le meilleur et se l'acheter, ils n'hésitent pas un seul instant, affirme un homme qui a vécu et qui connaît bien l'émirat. C'était une opportunité qu'ils ne pouvaient pas laisser passer. C'est un coup énorme parce qu'ils n'ont pas eu à payer de transfert, c'est un coup de maître au niveau communication. Ils sont à Paris depuis 10 ans et signer Messi, c'est le dernier étage de leur fusée. Ils peuvent le faire car le fair play financier s'est adouci et pour eux, c'est très gratifiant d'avoir le meilleur joueur du monde dans leurs rangs. Tout ça, ça fait parler d'eux et ils en sont fiers. » Et si, en outre, ça pouvait leur permettre de remporter la Ligue des Champions, quelques mois avant leur Coupe du Monde, ça serait évidemment un coup de maître.

Pour Messi et sa famille, c'est une nouvelle vie, une nouvelle aventure qui commence. Comme à Barcelone, Leo devrait briller par sa discrétion et sa simplicité dans la vie de tous les jours. Quelques jours après sa signature, la star argentine est allée inscrire, en personne, ses deux aînés, Thiago et Mateo, dans les équipes de jeunes du PSG. Thiago, né en 2012, devrait évoluer avec les U10 du club pendant que Mateo, né en 2015, jouera lui avec les U7. À cet âge-là, Leo ne se doutait pas, qu'un jour, il deviendrait une star unique du football mondial. Il vivait à 11 000 kilomètres de la capitale parisienne, dans un modeste quartier de la ville de Rosario…

2

L'été 2016

Leo fait la pause : il est assis sur un coin de canapé, chez lui, à Castelldefels. Sa tenue, décontractée, short noir et marcel gris, laisse entrevoir ses imposants tatouages sur son bras droit et sur le bas de sa jambe gauche. Sa barbe, blond vénitien, est parfaitement taillée. Et, cerise sur le gâteau, ses cheveux, coupés court, ont changé de couleur : ils sont blond platine. Ce cliché est posté le 24 juillet 2016 sur Instagram, sur le compte antoroccuzzo88 avec un commentaire : « *cambio d look #blondeboy* » (changement de look). L'image fait rapidement le tour des réseaux sociaux. Le compte antoroccuzzo88 est celui d'Antonella Roccuzzo, la femme de Lionel Messi. Une fois de plus, elle partage une photo, intime, de son homme. Sur son compte Instagram, cette image a reçu près de 380 000 « j'aime » et engendré plus de 17 000 commentaires. Et elle ne s'est pas contentée de tourner sur les réseaux puisque de nombreuses télévisions l'ont également récupérée pour pouvoir disserter sur le sujet. TN, une chaîne argentine d'informations, va même jusqu'à interviewer, par téléphone, le coiffeur-styliste de Lionel Messi.

Il s'appelle Ariel Bermúdez, il est argentin, mais vit à Barcelone depuis plus d'une décennie. Depuis 2012, il a pris en charge les destinées capillaires de « *la Pulga* » (« la Puce »). Et c'est donc lui, star éphémère du ciseau, qui a aidé Leo à changer radicalement de look. « Changer de look, ce n'est pas quelque chose qui se fait du jour au lendemain, c'est progressif, analyse Ariel. Je lui dis toujours : "Aujourd'hui, on peut les couper comme ça et la prochaine fois, on fera évoluer la coupe." Ou : "C'est l'été, peut-être qu'on peut faire une couleur." Les idées nous sont venues petit à petit. La barbe, par exemple. Il pouvait la laisser pousser quelques jours et, chaque fois, je lui disais que ça lui allait bien, que c'était plus viril, que ça faisait plus homme. Pour cette coupe et cette couleur, Leo m'a envoyé une photo qu'il aimait bien. On en a discuté et on s'est lancés. À l'heure de regarder le résultat, Leo était très satisfait, c'est ce qu'il voulait. Sa femme a adoré. Ce changement de look démontre que Messi est plus mature, plus serein, plus sûr de lui-même. »

L'analyse peut faire sourire. Mais pour une star épiée, scrutée jusque dans les moindres détails, filmée et photographiée à longueur d'année, changer de look et d'apparence est un signe fort. Surtout pour un homme qui aime sa tranquillité, qui a tendance à fuir les flashs et qui n'est pas réputé pour briller dans les exercices de communication que lui impose sa carrière. Cette barbe presque rousse et ces cheveux blond platine ont en tout cas fait leur petit effet. Le gamin à la coupe au bol ou aux cheveux qui dégoulinent dans la nuque est devenu un « hipster footballeur ». Incroyable. Impensable il y a encore quelques saisons. Les changements de look et l'évolution des coupes de cheveux du quintuple Ballon d'or illustrent parfaitement celle de l'homme qui se cache derrière le joueur. Deux années avant l'arrivée du #blondeboy sur les réseaux, Messi avait déjà eu des envies de changement. En septembre 2014, après avoir échoué en finale de la Coupe du monde, il avait débarqué, à la reprise de l'entraînement du Barça, avec une nouvelle coupe très années 1980 : la nuque rasée avec une démarcation et une brosse longue sur le haut. Elle a provoqué de nombreux commentaires, bons et moins bons, gentils et moins gentils, sur les réseaux. Certains sont mêmes allés jusqu'à comparer sa coupe avec celle de Tom Hanks dans *Forrest Gump* ou celle de Kim Jong-un, le chef suprême nord-coréen. Pas vraiment un compliment.

Deux ans plus tard, en cette fin d'été 2016, Messi a besoin de changement et de se réinventer. Les dernières semaines ont été cauchemardesques. Pendant cette tempête, Leo a pu, une nouvelle fois, compter sur le soutien indéfectible de sa femme Antonella

Roccuzzo. Une belle brune à la peau mate qui n'est pas tombée dans les bras de son footballeur de petit copain par hasard. « Antonella, je la connais depuis l'âge de 5 ans, avait avoué Leo au journal *Clarín*. C'est la cousine de mon meilleur ami, Lucas Scaglia. Nos familles se connaissent donc bien. Elle est de Rosario, comme moi. Je l'ai vue grandir, elle m'a vu grandir. » Messi-Scaglia-Roccuzzo : trois noms italiens qui rappellent que l'Argentine a accueilli beaucoup d'émigrés venus du pays à la forme d'une botte. Antonella est loin des clichés de femmes de footballeurs, les fameuses WAG *(Wives and Girlfriends)*, comme les définissent les Anglais. La première apparition en public du couple date de 2009. Les deux tourtereaux avaient été pris en photo, bras dessus, bras dessous, lors du carnaval de Sitges sur la côte catalane. Quelques jours plus tard, sur une autre photo, on pouvait voir Antonella se promener avec Leo et toute sa famille dans les rues de Buenos Aires. Au premier plan, elle discutait avec Celia, la mère de Leo. Cette dernière n'a pourtant pas toujours été très tendre avec elle, comme avec toutes les femmes qui se sont approchées de trop près de son fils. Mais Antonella fait maintenant partie de la famille. C'est la femme de Leo et la mère de ses trois enfants, Thiago, Mateo et Ciro.

Antonella est devenue une petite célébrité sur Instagram. En effet, malgré elle, ou pas, son compte est suivi par plus de 17 millions de *followers*. La raison ? Elle poste des images de sa vie de famille :

photos de couple, Noël et vacances avec les enfants, anniversaires et autres petites scènes du quotidien. Les millions de fans de Lionel, les journalistes et les autres ont donc pris l'habitude de regarder le compte antoroccuzzo88 pour en savoir plus sur le discret numéro 10 argentin. C'est un outil de communication bien huilé et elle seule pouvait dévoiler le nouveau look de son célèbre partenaire. Pour mieux faire comprendre qu'il était passé à autre chose.

Du blond platine donc pour tourner la page et regarder droit devant, vers un futur forcément plus radieux. Pour oublier ce début d'été, ses larmes, ses doutes et une condamnation. Et dire que cette période estivale devait l'aider à panser ses blessures et ses cicatrices footballistiques. En effet, après une saison 2015-2016 moyenne, marquée par un doublé Liga-Coupe du Roi, mais aussi par l'élimination dès les quarts de finale en Ligue des champions (contre l'Atlético Madrid), le numéro 10 et capitaine argentin avait un objectif : gagner la Copa America avec l'Albiceleste. Mais le destin pour les uns, la malédiction pour les autres, a encore frappé. Il voulait la victoire, il a connu la défaite et toutes les critiques qui vont avec. Leo n'a pas su se montrer décisif. Pire encore, le capitaine de la sélection argentine a envoyé son ballon dans les nuages lors de la séance, fatidique, de tirs au but en finale face au Chili.

Après avoir versé des litres de larmes sur le sol du vestiaire du MetLife Stadium (New Jersey), Messi s'est arrêté devant les micros tendus des journalistes argentins. Il a la mine déconfite et le regard fuyant, mais il ne se défile pas : « Ça fait mal, ça fait vraiment mal de perdre une autre finale. C'est notre troisième défaite en finale en trois ans. Je ne comprends pas. On a tout donné, on a tout fait pour gagner. Je ressassais tout ça dans le vestiaire et je me suis dit, et c'est ce que je pense maintenant, que ça y est, c'est terminé pour moi, j'arrête la sélection. Je me retire. » Les journalistes sont incrédules. L'un d'eux le relance :

« Mais Leo, c'est une décision à chaud que tu prends, tu es sûr de toi ?

— Oui, je crois que oui. J'ai tout fait, tout essayé pour offrir un titre à l'Argentine et ramener un trophée à la maison. Mais je n'ai pas réussi. Et en plus, je manque mon penalty ce soir. Je suis vraiment triste. Très triste. Dans ces conditions, je crois que partir, c'est la meilleure des décisions. Pour moi d'abord, mais aussi pour tous ceux, et ils se reconnaîtront, qui le veulent. »

Le numéro 10 argentin tourne alors les talons et disparaît dans la nuit américaine. Cette soirée du 27 juin 2016 est décidément bien douloureuse pour les Argentins.

Après onze ans de bons et loyaux services, Lionel Messi quitte la *selección*. Personne, ni les joueurs, ni l'AFA (Asociación del Fútbol Argentino, Association argentine de football), ni les médias, ni les supporters ne s'y attendaient. Ses coéquipiers et son entraîneur,

Gerardo Martino, apprendront la nouvelle, plus tard, dans le bus qui ramenait la délégation argentine à son hôtel. Cette annonce « messianique » est un mélange de colère et de frustration. Elle n'était pas vraiment préméditée. Messi pense qu'il est le seul et l'unique responsable de cette nouvelle défaite. Il ne se le pardonne pas et décide donc de s'autoflageller en public. « Pour moi, Lionel s'est dit : "Je suis le problème ? Je m'en vais, comme ça il n'y en a plus maintenant" », analyse un homme présent ce soir-là dans les entrailles du stade. « Je ne l'ai jamais vu dans cet état-là, témoigne également Marcelo D'Andrea, alias "Daddy", le kiné, l'ami, le garde du corps de Lionel Messi, à FM Pop, une radio argentine. Lorsque je suis allé le chercher sur la pelouse, il était dévasté, inconsolable, c'était vraiment triste à voir. Il m'a déchiré le cœur. C'est son échec le plus douloureux avec la sélection, il n'y a aucun doute là-dessus. »

L'Argentine est sous le choc. Le pays essaie de comprendre. Les Argentins s'adonnent alors à leur seconde passion : parler. Ernesto Semán, un journaliste-écrivain, publie un texte dans lequel il fustige, non sans humour, l'attitude de ses compatriotes : « La sélection perd et tout de suite, Messi est enterré, vilipendé, insulté. C'est *"un puto"* (un pédé), comme le disent si subtilement les supporters dans les stades. Et pourtant si, un jour, Messi annonce qu'il a un mec et que, le lendemain, il dribble six joueurs et ramène la Coupe du monde en Argentine, vous verrez, il y aura des millions de gars qui l'accueilleront à Ezeiza (l'aéroport de Buenos Aires) avec un drapeau arc-en-ciel dans les mains. »

Tout le monde a un avis sur la question : les écrivains, les journalistes, les consultants, les 40 millions d'Argentins et... Diego Maradona. Et lorsqu'il est question de sélection et d'amour du drapeau, Maradona adore bomber le torse. Lui, au moins, et malgré tous ses excès, il a gagné une Coupe du monde. C'est même le dernier capitaine argentin à avoir brandi, bien haut, le trophée le plus prisé de la planète football. Et, comme d'habitude, ses mots sont très écoutés et repris par ceux qui le prennent au sérieux et par les autres : « Pour moi, ce qu'il a fait, c'est "je pars en vacances, ne me cassez plus les couilles et lorsqu'on me sélectionnera, je réfléchirai à deux fois avant de répondre". » Depuis la consécration de Messi, le seul joueur de l'histoire à avoir gagné cinq Ballons d'or, Maradona a dit tout et son contraire sur son héritier. Un jour, il l'aime et le protège. Un autre, il le tacle. Quelques jours avant la finale, lors d'une opération promotionnelle pour un célèbre horloger, Diego avait susurré dans l'oreille de Pelé, son éternel ennemi : « Messi n'est pas un leader. Il n'a pas la personnalité d'un leader. » La phrase, enregistrée presque par hasard, a fait, bien évidemment, le tour du monde. Tout comme celle prononcée à un ami journaliste quelques minutes seulement avant le coup d'envoi du match : « Si l'Albiceleste ne gagne pas cette Copa

America, les joueurs ne doivent pas revenir au pays. » C'est justement ce qu'a décidé Lionel Messi. Après la finale, après la cruelle défaite, il s'échappe et s'en va s'isoler aux Bahamas. Il a besoin de prendre l'air, de s'éloigner du tumulte.

Une semaine plus tard, et pendant que l'Argentine continue de parler et de débattre sur la décision de leur numéro 10, son nom va s'inviter, aussi, à la « une » de l'actualité en Espagne. Le 6 juillet, le tribunal de Barcelone le déclare, en effet, coupable de fraude fiscale et le condamne, lui et son père, à vingt et un mois de prison et à des amendes d'un montant de 3,7 millions d'euros. C'est la fin d'une longue affaire, car l'attaquant du Barça était poursuivi depuis 2013 pour le détournement de plus de 4 millions d'euros de taxes sur ses droits d'image entre 2007 et 2009[1]. Lorsque le verdict tombe, Messi est toujours aux Bahamas. Personne ne sait comment il accueille cette condamnation. Rien ne filtre. Seule une information est divulguée : la star a décidé de prolonger de quelques jours ses vacances sur l'île paradisiaque. Les eaux sont encore trop troubles en Argentine et en Espagne. Ce n'est pas le moment de rentrer.

Il est silencieux, presque invisible. Seuls quelques clichés, de mauvaise qualité, sortent dans la presse, comme pour prouver qu'il est toujours en vie. Pendant qu'il se ressource en famille, ses défenseurs montent

1. Cf. chapitre « La main dans le sac », p. 249.

au front. En Espagne, le Barça est réactif et agressif. Car il sent que sa poule aux œufs d'or est plus instable que jamais. Les dirigeants blaugranas ont été surpris de la décision de « la Puce », car tout au long de sa carrière, il a toujours mis la sélection en haut de ses priorités. Et si Messi, en pleine introspection, décidait de partir, de changer de maillot et d'ouvrir une nouvelle page de sa carrière ? Le Barça n'écarte pas cette hypothèse. En plus de Manchester City et du PSG, ses courtisans annoncés, Chelsea et son propriétaire russe milliardaire Roman Abramovitch décident d'entrer dans la danse et lui proposent un pont d'or. La concurrence se fait de plus en plus pressante. Les dirigeants du Barça savent, de plus, que Messi est particulièrement « influençable » en ce moment. Il ne comprend toujours pas pourquoi Neymar gagne plus d'argent que lui. Il faut agir au plus vite.

Le club part donc à l'attaque. Et c'est son président Josep Maria Bartomeu qui ouvre les hostilités avec un tweet explosif : « Leo, celui qui s'attaque à toi, s'attaque au Barça et à son histoire. Nous allons nous défendre jusqu'au bout. Ensemble pour toujours ! » Le Barça lance également, au même moment, une campagne de soutien à sa star sous l'étiquette : #TotsSomEloMessi ou #TodosSomosLeoMessi (Nous sommes tous Leo Messi) pour « montrer au joueur qu'il n'est pas tout seul, nous invitons tout le monde, les *socios* (les abonnés), les supporters, les sportifs, les médias, à soutenir notre numéro 10 ». Le hashtag #TodosSomosLeoMessi est largement repris en Amérique du Sud et devient un trending topic mondial dès le jour de son lancement. Cette campagne génère une polémique énorme en Espagne et ailleurs. Pour certains, l'attitude du Barça est scandaleuse, car « le club défend un délinquant, un condamné ». Le Barça, par l'intermédiaire de son porte-parole Josep Vives, se défend : « Nous ne tolérons pas que Messi soit traité comme un délinquant. Leo est notre star et nous devons tout faire pour qu'il se sente soutenu et aimé. » Le Trésor public ne tarde pas à réagir. Dans un communiqué, il qualifie le comportement du club comme « irresponsable, parce que le joueur a été condamné pour un délit fiscal. Tout cela ne nous aide pas à sensibiliser les Espagnols sur l'importance de payer ses impôts. Il ne nous aide pas, non plus, à la pédagogie sociale dont le pays a pourtant bien besoin ». La polémique va durer plusieurs jours.

Pendant que le Barça tente de faire face à la tempête, Messi et sa famille ont quitté les Bahamas direction Ibiza. Une île des Baléares qui, l'été venu, attire de nombreux footballeurs. Le numéro 10 y a ses petites habitudes. Il coule des jours paisibles sur un yacht avec ses proches. Les paparazzi s'en donnent à cœur joie. Les photos de Leo en jet-ski, Leo qui se baigne avec son fils Thiago, Leo qui regarde vers l'horizon, pensif, Leo qui enlace sa femme, inondent les médias espagnols et argentins.

Quelques jours plus tard, le climat s'est doucement

apaisé, car les uns et les autres ont compris qu'ils n'arriveront pas à s'entendre et, surtout, que le Barça n'avait pas d'autre choix que de sortir l'artillerie lourde pour garder sa pépite. Cette stratégie s'avère payante. Puisque le club prétend alors, en « off », que le joueur a pris la peine de les remercier pour leur campagne de soutien et, toujours en « off », que Messi allait être bientôt augmenté. Tout est bien qui finit bien.

De l'autre côté de l'Atlantique, les Argentins ont décidé, eux aussi, de soutenir leur « Pulga ». Une grande majorité d'entre eux a une soudaine envie de la cajoler. Les mots enrobés de détresse de Messi leur ont fait prendre conscience à quel point il était attaché à son pays, à son Albiceleste. Alors, les Argentins, spontanément, lui déclarent leur amour dans la rue, sur les réseaux sociaux, à la télé ou dans les journaux. Une institutrice de la province d'Entre Ríos, le président de la République, des coéquipiers, des dirigeants, des enfants, des hommes et des femmes de tous les âges, tous lui disent à quel point il compte pour eux. Tous ces témoignages, toutes ces marques d'affection se bousculent, à la vitesse grand V, sous le hashtag #NotevayasLio (#NetenvapasLio). Lorsqu'il est question d'amour, de passion et de football, les Argentins peuvent devenir extrêmes puisque ce hashtag s'est même retrouvé sur des panneaux digitaux de signalisation dans les rues de Buenos Aires. La vague de soutien est spontanée et impressionnante. Lionel Messi est, paraît-il, profondément touché par toutes ses marques d'affection. Certaines informations commencent à fuiter dans les médias. Les « coéquipiers », « ex-coéquipiers », « proches » sont catégoriques : le grand Leo va revenir. Quand ? « Très vite », affirment-ils. « Il est touché, mais il va mieux », « il est en pleine réflexion », « il a envie d'ouvrir une nouvelle page ». Quelques jours plus tard, Messi décide de se réinventer. Il devient #blondeboy, un « hipster footballeur » aux cheveux blond platine. Un quintuple Ballon d'or prêt à relever de nouveaux défis. Leo Messi, qui a des fourmis dans les jambes, écourte de quelques jours ses vacances, pour reprendre, plus tôt, avec son club. L'été cauchemardesque 2016 touche à sa fin. Une nouvelle saison, une nouvelle page peuvent s'ouvrir.

3

Les échecs

Concentré, tête basse, Lionel Messi entre sur la pelouse du stade des Malouines Argentines de Mendoza (à l'ouest de Buenos Aires). Juste derrière lui, il peut sentir le souffle de Pablo Zabaleta, son vieux pote avec qui il a remporté, en 2005, la Coupe du monde des moins de 20 ans. C'est le premier de ses dix coéquipiers avec qui il va essayer de tordre les rugueux Uruguayens de son partenaire de buts au Barça : Luis Suárez. Les tribunes sont en ébullition. Les supporters crient, chantent et s'excitent à quelques minutes du coup d'envoi. Quarante-sept jours après son vrai faux départ, Messi est de retour en sélection. Dans un stade bourré d'histoires et d'exaltation nationaliste, puisqu'il a été construit par la junte militaire pour la Coupe du monde 1978. Aujourd'hui, presque quarante ans plus tard, en ce début de mois de septembre 2016, les 40 000 supporters sont venus pour célébrer leur icône. Il y a des marques d'affection, des déclarations d'amour, aux quatre coins du stade. Certains supporters portent des masques à son effigie, d'autres, plus jeunes, des bandeaux bleu ciel et blanc sur lesquels sont inscrits « Messi est argentin ». D'autres encore lui ont écrit des messages d'amour sur des banderoles plus ou moins bien confectionnées : « Messi, je préfère qu'on perde avec toi que de te perdre », « Lio, sans toi, c'est comme téter un sein recouvert par un soutien-gorge », « Mon père me parlait de Maradona et moi, je parlerai de toi à mes enfants », « Lio, ne nous quitte plus ». Les supporters sont dans l'émotion, dans la passion. Ils sont prêts à s'enflammer. Ils n'attendent que ça. Ils sont venus pour ça. Lorsque les premières notes de l'hymne national argentin résonnent dans le stade, l'ambiance devient carrément électrique. Quelques minutes plus tard, à l'heure du coup d'envoi, la tension est palpable sur la pelouse. Le match est étouffant. Chaque fois que le numéro 10 caresse le ballon, le stade rugit. Les Uruguayens ont les crocs et, comme souvent, ils sont en mode « combat ». Ils défendent chaque centimètre carré de pelouse avec acharnement. Mais à la 42e minute, le joueur aux cheveux blond platine entre en scène. D'une aile de pigeon, il amène le ballon sur son pied gauche, puis pivote sur lui-même, pour mieux écarter les quatre défenseurs qui l'entourent, il pointe et tire, à une vingtaine de mètres sur la gauche du but. Sa frappe est déviée de sa route initiale par la jambe de José María Giménez, le jeune défenseur central de l'Atlético Madrid. Fernando Muslera, le gardien de la Celeste, est pris à contre-pied. Lionel Messi ouvre le score. Le stade chavire. Le commentateur de la télévision argentine exulte : « La magie est de retour, le numéro 10 est de retour, le football est de retour, Messi est de retour... Argentine 1 ; Uruguay 0. » Sur la pelouse, les joueurs argentins sont agglutinés autour de leur leader pour le célébrer, à leur manière. Il n'y aura pas d'autres décharges d'adrénaline comme celle-ci. Et ce but permet à l'Argentine de remporter ce match comptant pour les éliminatoires de la Coupe du monde 2018. Une compétition qui est dans le viseur de Lionel et des 40 millions d'Argentins. Ils attendent, anxieusement, encore et toujours un nouveau titre après celui gagné en 1986 au Mexique par Diego Maradona et sa bande. Autant dire une éternité pour ce peuple fou de foot. En 2014, les Argentins sont persuadés qu'avec un Higuaín ou un Palacio plus inspirés en finale, ils auraient gagné et se seraient hissés au sommet du football mondial. Il s'en est fallu d'un rien pour que Messi rejoigne et supplante Maradona. Et pourtant, « la Puce » a tout donné au Brésil.

Une Coupe du monde qui, malgré la défaite, restera dans les mémoires des Argentins. Pendant plus de trois semaines, la planète a découvert les supporters de l'Albiceleste : bruyants, émotifs, chambreurs... ils sont venus en masse et, ensemble, ils ont chanté à tue-tête ce petit air qui est devenu un tube au pays de Lionel Messi :

« Brasil, decime qué se siente tener en casa a tu papá.
Te juro que aunque pasen los años, nunca nos vamos a olvidar…
Que el Diego te gambeteó, que Cani te vacunó, que estás llorando desde Italia hasta hoy.
A Messi lo vas a ver, la Copa nos va a traer, Maradona es más grande que Pelé. »

« Brésil, dis-moi ce que tu ressens lorsque ton papa est à la maison.
Je te jure, que jusqu'à la nuit des temps, nous n'oublierons jamais…
Que Diego t'a dribblé, que Cani t'a vacciné et que depuis l'Italie, tu n'as pas séché tes larmes.
Et tu verras que Messi va nous ramener la Coupe, et que Maradona est plus grand que Pelé. »

Cette chanson, reprise par tous les supporters argentins de la planète, est un condensé d'histoire et de rivalités. En Amérique du Sud, dans le football, le papa, c'est le plus fort. C'est l'équipe qui a pris l'ascendant psychologique ou dans les statistiques sur son adversaire historique, qui est donc devenu son fils. Pour illustrer ce propos, les paroles reviennent sur ce huitième de finale de la Coupe du monde 1990 en Italie. L'Argentine ne jouait pas bien, elle était loin d'être favorite, mais sur un exploit personnel de Maradona, Caniggia avait inscrit le seul et unique but des Argentins (victoire 1-0). Ce souvenir est encore tenace dans la mémoire de tout un peuple. Et depuis le début de ce Mondial, tout est bon pour jouer avec les nerfs des Brésiliens, car l'Argentine gagne et se montre de plus en plus solide au fil des tours.

Lors des trois premiers matchs, contre la Bosnie, l'Iran et le Nigeria, les hommes d'Alejandro Sabella n'ont pas brillé, mais ils ont gagné grâce à Lionel Messi. Le capitaine argentin a enfin revêtu sa cape de héros albiceleste. Le pays est aux anges. Contre la Bosnie, Lionel inscrit le second but de son équipe (2-1), d'une puissante frappe du gauche après une splendide action individuelle. Le commentateur argentin est hystérique : « Que c'est bon de te revoir "la Puce", maintenant, oui, maintenant, je te reconnais, tu es Messi. Maintenant, je suis plus tranquille, maintenant que tu es là, Lionel Messi. » Contre l'Iran, il se transforme à nouveau en sauveur, lorsqu'il inscrit le but de la victoire dans les arrêts de jeu (1-0). Les Iraniens sont agglutinés devant leur but, ils se battent sur chaque ballon, car ils sont à quelques secondes d'un retentissant match nul contre l'Argentine de Messi. Leo apparaît alors, fixe un défenseur, ouvre son pied gauche et, d'une superbe frappe enroulée d'une vingtaine de mètres, loge le ballon dans le petit filet. Imparable. La décharge d'adrénaline est immense dans le stade. Messi, ses coéquipiers, le staff, les supporters, tout le monde explose. Contre le Nigeria (victoire 3-2), la sélection ne convainc toujours pas, mais Messi ajoute un doublé. Avec lui, tous les rêves sont permis.

Les joueurs et leurs supporters ne font qu'un. Après chaque match, les vainqueurs réalisent un tour d'honneur pour mieux chanter avec leur public. Même Messi s'y est mis. Il a fait tourner son maillot autour de la tête, a exécuté quelques pas de danse et chanté à gorge déployée. Cela faisait bien longtemps qu'une telle communion n'avait pas existé. Et les joueurs ont besoin de ce douzième homme bruyant dans les moments les plus durs. On se croirait presque au Monumental et à la Bombonera tant les *hinchas* (supporters) argentins donnent de la voix et mettent l'ambiance. Pour l'instant, la fête est totale.

Après une douloureuse victoire contre la Suisse en huitièmes de finale grâce à un but, à la 118e minute de jeu, de Di María, l'Argentine affronte la Belgique. Elle choisit ce moment, ce quart de finale, pour sortir ce match référence qu'elle attendait tant. Cet exceptionnel état d'esprit, elle l'a retrouvé grâce à Javier Mascherano et à Lionel Messi. Dans les vestiaires, quelques minutes avant le coup d'envoi, le milieu de terrain de Barcelone a harangué ses troupes comme jamais selon *La Nación* (quotidien sportif argentin) : « Les gars, je vous le dis comme je le pense, mais j'en ai plus que marre de manger de la merde, et maintenant, je veux donner de la joie à ceux qui nous aiment, à tous ceux qui nous supportent. Alors aujourd'hui, on va jouer le match de notre vie. » Derrière lui, le silencieux Messi en a ajouté une couche en hurlant un « *vamos carajo* » à la face de ses camarades de jeu. Remontés comme des coucous, les onze hommes sont donc entrés sur le terrain. Et dès les premières minutes, les spectateurs l'ont bien senti. Le premier et seul but des Argentins résume bien à lui seul cet état d'esprit : pressing collectif amorcé par Mascherano, récupération de balle de Messi, transmission rapide vers l'avant et but d'anthologie d'Higuaín. Ce but est donc le résultat d'un travail collectif où même Messi se bat dans la récupération. Un symbole qui a eu le don de motiver un peu plus ses partenaires. Ensuite, l'Argentine a joué son jeu, celui qu'elle apprécie tant. Lorsqu'elle a la possession, il est fait de passes courtes, le rythme est lent, et ça ressemble plus à une passe à dix qu'à autre chose. Certains s'en offusquent, mais les Argentins ont toujours joué comme ça. Et c'est pour mieux endormir leur adversaire. Et lorsque après avoir fait travailler le bloc adverse, Messi ou Di María sentent qu'il y a une faille, ils accélèrent tout d'un coup. Et là, le danger est imminent.

Ce match a lancé la Coupe du monde de la bande à Messi. Désormais, ils se sentent forts, unis et dans leur élément. C'est comme si, en quatre-vingt-dix minutes, ils s'étaient persuadés que, pour rêver à une victoire finale, ils devaient revenir à leurs fondamentaux. « L'Argentine a enfin gagné, comme elle a toujours gagné, a écrit le fameux écrivain argentin

Martin Caparrós dans sa chronique d'*El País*. Elle a été solide, sérieuse et sans prétention. Certains diront sans magie, sans art, peut-être, mais elle s'en est sortie au métier et avec une idée claire de celle qui ne veut pas forcément plaire, mais qui veut gagner. Gagner. Gagner. Pour la cinquième fois de son histoire, l'Argentine est à une victoire d'une finale. Mais c'est la toute première fois qu'elle pourrait y affronter le Brésil. Mais avant cela, elle devra affronter une tempête orange. » Une autre bataille.

La demi-finale contre les Pays-Bas est un match âpre, tendu et fermé. Après cent vingt minutes d'un gros combat tactique et physique, les deux équipes doivent se départager aux tirs au but. Avant cette séance, qui promet d'être irrespirable, Javier Mascherano, le fidèle lieutenant charismatique, lance à ses partenaires avec véhémence : « Les gars, je suis tellement fier de vous, on a souffert, on s'est fait critiquer comme jamais, mais on n'a jamais rien lâché. Maintenant, cette série ne changera rien, car moi, je serai fier toute ma vie d'avoir fait partie de ce groupe. » Avant de prendre Sergio Romero, le gardien de but, entre quatre yeux et de lui dire : « Maintenant, c'est à toi, tu vas tous les bouffer, tu vas devenir un héros. » Résultat : « Chiquito » Romero a arrêté deux tirs au but et ses coéquipiers ont réalisé un 4/4 plein de sang-froid et de maîtrise. Lionel Messi n'a pas tremblé et a inscrit le premier des penaltys. Sa joie est à la hauteur de l'événement. Il tient enfin sa finale, sa grande finale avec l'Albiceleste. Le pays est à ses pieds et ne craint plus personne et encore moins la machine de guerre allemande. La sélection la plus impressionnante de la compétition qui vient d'écraser, sans pitié, le Brésil devant son public (7-1).

À la veille de leur grande finale contre l'Allemagne, les Argentins voient pourtant poindre quelques signes négatifs. Ils devront, par exemple, porter leur second maillot en leur qualité d'équipe visiteuse. Ils ont poliment demandé aux Allemands de mettre leur maillot visiteur pour qu'ils puissent porter leur maillot ciel et blanc, mais leurs adversaires ont refusé. Ce maillot bleu ne leur porte pas bonheur. Ils se souviennent qu'en 1990, c'était en bleu que Maradona et sa bande avaient perdu contre cette même Allemagne en finale. En 2006, les Argentins s'étaient fait éliminer contre l'Allemagne encore (et aux tirs au but) avec ce satané maillot bleu. Et en 2002, c'est également avec ce maillot bleu de mauvais augure que les hommes de Bielsa avaient fait match nul contre la Suède (1-1). Un résultat synonyme d'élimination. Bref, ce maillot-là ne leur porte pas bonheur. Enfin, presque pas. Puisque certains, plus positifs, plus optimistes que d'autres, ont rappelé que c'est avec ce maillot-là que Maradona avait battu à lui tout seul l'Angleterre en 1986 (2-1). Et c'est donc avec ce maillot-là que le numéro 10 et capitaine argentin avait inscrit « le plus beau but de l'histoire du Mondial ».

La sélection argentine compte sur ses images

pieuses, qu'elle a installées dans son bunker, pour faire pencher la balance de son côté et éloigner les mauvais esprits. Mais aussi sur sa mystique retrouvée. En Argentine, la mystique d'une équipe, c'est lorsque tous ses joueurs marchent dans la même direction tel un seul homme parce qu'ils ont réussi à se créer leur propre identité. Messi et sa bande sont à une victoire du paradis. Mais leur rêve le plus fou va finalement s'échapper à la 113e minute lorsque Mario Götze inscrit l'unique but de cette finale. Le capitaine argentin est inconsolable. Cette défaite va d'ailleurs lui laisser un goût amer dans la bouche : « Ça fait mal, ça fait vraiment mal, parce qu'on aurait pu gagner ce match. C'est nous qui avons eu les meilleures occasions, mais on n'a pas su marquer. Quand je revois nos occasions, je me dis qu'on risque de s'en vouloir toute notre vie. Les Allemands avaient le contrôle du ballon, c'est vrai, mais ils ne se sont pas montrés dangereux. Moi, je n'ai pas fait le match de ma vie, mais je n'ai pas été, non plus, en dessous de tout. Je sais que, comme d'habitude, on va me critiquer. Mais mon histoire avec le maillot albiceleste n'est pas terminée. Ma carrière est loin d'être terminée et j'ai toujours autant envie de gagner un trophée avec l'Argentine. Et je serai là, dès l'été prochain, pour la Copa America avec un seul objectif : gagner. »

Un an plus tard, beaucoup d'eau a coulé sous les ponts. La vague d'espoir et d'enthousiasme, née à la Coupe du monde, est retombée. Messi, décidément insubmersible, a flambé sur les terrains européens comme si l'échec mondial n'était qu'un mauvais souvenir. En club, il sort d'une brillante saison pendant laquelle il a tout gagné. Il a trouvé, avec Luis Suárez et Neymar, des grands compagnons de jeu. Les trois Sud-Américains forment un trio exceptionnel : la MSN[1]. La sélection argentine, elle, a changé d'entraîneur : Gerardo Martino, le coach éphémère du Barça, a remplacé Sabella. Ces deux figures du football argentin n'ont pas la même philosophie du football. La *selección* est donc en reconstruction. Elle est, de plus, fragilisée par la crise que traverse la Fédération argentine de football.

Le 30 juillet 2014, quelques jours après la finale de la Coupe du monde, le président de l'AFA, don Julio Grondona, a passé l'arme à gauche. Celui qui était surnommé « le Parrain » par ses détracteurs, qui avait pris le pouvoir sous la dictature militaire, en 1979, tenait le football argentin d'une main de fer. C'était un animal politique, un dirigeant omnipotent, un brillant homme d'affaires, un négociateur hors pair que personne n'osait contester. Il était, de plus, le vice-président de la FIFA et un allié important pour Josep Blatter tant son pouvoir sur le continent était grand. Alors, lorsqu'il s'en est allé, sa succession a fait beaucoup d'envieux. Des hommes d'affaires, des stars de la télé, des politiques et même des syndicalistes ont

1. Cf. chapitre « MSN », p. 231.

lorgné sur le trône. Et pendant que tous ces mastodontes influents se sont livré une bataille sanglante, la formation et les sélections ont été mises de côté. Comme abandonnées à leur triste sort. Les sélections de jeunes, qui ont longtemps fait la fierté de sa fédération pour ses résultats exceptionnels et ses nombreux titres chez les moins de 20 ans, par exemple, ont été délaissées. L'AFA est en déliquescence. Le football est en danger. Le climat est malsain, car tous les coups sont permis. Les uns et les autres n'ont peur de rien, ni même du ridicule. Un jour, alors que le pays a les yeux braqués vers eux à l'heure de l'élection du nouveau président, les deux derniers candidats encore en lice récoltent 38 voix chacun. Alors que, normalement, il n'y a que 75 votants. Le scandale est énorme. L'institution vacille.

Et c'est dans ce contexte, pesant, que Gerardo Martino et ses hommes vont participer, deux étés de suite, à deux Copa America. Et les deux fois, l'Argentine s'est hissée jusqu'en finale. Et les deux fois, elle a perdu, aux tirs au but contre le Chili. En 2015, au Chili, la sélection est poussive. Elle passe, sans briller, la phase de poules, puis, en quarts, écarte la Colombie aux tirs au but avant de se balader contre le Paraguay en demi-finale (6-1). La finale est marquée, à nouveau, par un loupé de Gonzalo Higuaín, à la toute fin des prolongations. Lors de la séance des tirs au but, Claudio Bravo, le gardien et capitaine du Chili, a la baraka : Higuaín, encore lui, tire son penalty dans les nuages et, d'une superbe parade, Bravo détourne la tentative de Banega. Messi est le seul Argentin à ne pas avoir tremblé et à avoir inscrit son tir au but. Cette Copa America est un échec pour lui et pour sa sélection. Il n'a inscrit qu'un but (et encore sur penalty contre le Paraguay) et délivré trois passes décisives. C'est trop peu pour le quintuple Ballon d'or. Et il le sait. Alors, un an plus tard, il veut mettre les petits plats dans les grands aux États-Unis à l'occasion de la Copa America du centenaire.

Le numéro 10 argentin est pourtant arrivé aux USA sur la pointe des crampons. Il n'est pas au mieux physiquement. Son corps a besoin de repos. Mais ce n'est pas le moment. Lors de la phase de groupes, il est d'abord absent contre le Chili avant d'entrer en jeu, à la 61e minute contre le Panama lors du second match. « La Puce » ne fait pas les choses à moitié : en vingt minutes, elle inscrit un triplé. En quart de finale, contre le Venezuela, le numéro 10 est à nouveau décisif : un but et deux passes décisives lors de la large victoire des siens (4-1). En demi-finale, le capitaine argentin continue d'être inarrêtable : un nouveau but et deux passes décisives (4-0). Avant d'échouer en finale et aux tirs au but contre le Chili.

Leo est inconsolable. Leo est sur les nerfs. En effet, lors de cette Copa America, l'AFA a, à nouveau, brillé par son incompétence. Messi, d'habitude mutique, a même tapé du poing sur la table, juste après la demi-finale gagnée contre les USA. « Une nouvelle fois, nous attendons un avion pour essayer d'arriver à destination… Mon Dieu, quelle catastrophe l'AFA. » Ce message a été posté sur son compte Instagram, suivi alors par plus de 45 millions d'abonnés (il en a 261 millions aujourd'hui.) Il est accompagné d'une photo de Leo avec son pote, Sergio Agüero, assis dans un avion en attendant qu'il décolle. La patience de Messi a ses limites. Face au scandale, l'AFA réplique et indique que « ce retard est dû aux conditions climatiques et que tous les transferts sont gérés par les organisateurs de la compétition ». L'institution se dédouane. Et pourtant, la délégation argentine n'en peut plus. Le staff n'est plus payé depuis plusieurs mois, les joueurs ne reçoivent plus leurs primes et certains d'entre eux ont même été obligés de se payer leur billet d'avion pour se rendre aux États-Unis. Un désastre.

En plus de la défaite amère et cruelle, Messi et sa bande doivent donc supporter et gérer les dysfonctionnements d'une fédération en ruine. Le capitaine argentin préfère jeter l'éponge. Et cette décision va bien au-delà de la simple déception d'une finale perdue, la troisième de rang. Quelques semaines plus tard, c'est au tour de Gerardo Martino, dépité, de quitter le navire à la dérive. De nombreux joueurs se posent des questions. Ils hésitent à suivre leur capitaine et à quitter, eux aussi, la sélection. « Bien sûr qu'on s'est tous posé la question de suivre ou pas, a avoué, plus tard, Javier Mascherano. Parce que le fait qu'un coéquipier, qui est également ton ami et ton capitaine, décide de s'en aller, ça te fait obligatoirement réfléchir. Et tous nous nous sommes demandé quoi faire si Leo ne revenait pas. Parce qu'il y a toujours une raison à l'heure de prendre une telle décision. Et Leo avait ses raisons. Heureusement pour l'Argentine, il a finalement décidé de revenir et c'est tant mieux, car ça aurait été un péché que le pays soit privé de Leo. » Devant l'état de déliquescence de l'AFA, la FIFA a décidé d'intervenir pour tenter de régler les problèmes et d'aider à la tenue d'élections.

Le 12 août enfin, Messi annonce, par le biais d'un communiqué, qu'il a changé d'avis et qu'il va revenir en sélection : « Le jour de la finale, beaucoup de choses me sont passées à travers la tête. Et c'est vrai que j'ai voulu quitter la sélection. Mais j'aime trop mon pays et ce maillot pour m'arrêter. Il y a beaucoup de problèmes dans le football argentin et je ne veux pas en être un supplémentaire. Je n'ai jamais voulu causer du tort au football argentin. Bien au contraire : j'ai toujours tout fait pour l'aider. Il y a encore beaucoup de choses à régler dans notre football, mais je préfère le faire de l'intérieur plutôt que de l'extérieur. » Avant de faire machine arrière, Messi a, bien évidemment, vu le nouveau sélectionneur argentin : Edgardo Bauza.

L'ex-coach de San Lorenzo, vainqueur de la Copa Libertadores en 2014, qui n'était pas le premier choix des dirigeants intérimaires de l'AFA, est allé jusqu'à

Barcelone pour rencontrer « la Puce ». Son discours a plu à Messi qui, de toute façon, avait bien décidé de revenir avec lui ou un autre. « Il lui est impossible de regarder un match de la sélection à la télévision, assure l'un de ses coéquipiers. Il est très attaché au maillot albiceleste et il a toujours, dans un coin de sa tête, l'idée de gagner une Coupe du monde. Russie 2018, c'est même une obsession pour lui. Il fera tout pour être le 15 juillet 2018 sur la pelouse de l'historique stade Luzhniki de Moscou pour jouer et gagner la finale. » C'est le dernier rêve de gamin qu'il n'a pas encore réussi à réaliser…

4

La naissance

Immobile. Debout, dans sa guérite, le Gauchito Gil veille sur la rue Estado-d'Israel. Impassible. Quelques offrandes sont délicatement posées à ses pieds. Il arbore, tradition oblige, une fine moustache noire, une chemise bleu ciel, un bandeau rouge autour du cou, un pantalon et des bottes de gaucho. Quelques chiens errants, assommés par la chaleur, se sont allongés autour de ce modeste sanctuaire. Un habitant du quartier d'une vingtaine d'années, torse nu, ruisselant de sueur, est assis à quelques mètres du Gauchito. « Il a toujours été là, prétend-il. Il nous protège. J'aime bien venir m'asseoir à côté de lui, ça m'apaise. » Le Gauchito Gil est un saint très populaire en Argentine. Un saint non reconnu par l'Église. Des temples comme celui-là, il y en a des milliers disséminés un peu partout dans le pays. La légende dit que le Gauchito est un faiseur de miracles. Un soldat, accusé de désertion et de traîtrise, qui, à l'heure de son exécution, a prévenu son bourreau qu'un terrible malheur l'attendait à son retour chez lui. Lorsqu'il franchirait le pas de sa porte, il apprendrait que son fils est à l'agonie ; pour le sauver, il devrait revenir sur les lieux de son crime pour enterrer sa victime et prier au nom du Gauchito Gil. Tout s'est passé exactement comme l'avait prédit le Gauchito. Son bourreau a suivi toutes ses saintes paroles et le miracle a bien eu lieu. Le traître est devenu un saint et c'est comme ça que la légende du Gauchito Gil est née. Deux siècles après sa mort, nombreux viennent encore chercher auprès de lui un peu de réconfort. Lionel Messi est passé des dizaines, des centaines de fois devant ce Gauchito-là. Peut-être qu'il lui parlait en secret, qu'il lui adressait quelques prières. Peut-être même que le ballon avec lequel il jouait du lever au coucher du soleil a déjà roulé jusqu'à ses pieds...

« La Puce » a grandi à une centaine de mètres de ce sanctuaire, au 525 de la rue Estado-d'Israel. Une rue de modestes maisons d'un ou deux étages, située dans la zone sud de la ville de Rosario. Ce quartier de classe moyenne basse, de travailleurs, n'a pas vraiment de nom. Certains l'appellent « La Bajada » et d'autres, « Las Heras ». Lionel a passé les treize premières années de sa vie dans une maison d'un étage, couleur béton, aux volets désormais toujours fermés. Sa mère (Celia) et sa sœur (Marisol) y ont longtemps vécu avant de se résoudre à déménager. Ce n'est ni un palais digne d'un « country » (ghetto pour riches en Argentine), ni une case en bois et en tôle typique des *villas miseria* (les bidonvilles). La maison n'est pas grande, mais il y a quand même un peu d'espace, de quoi pouvoir cohabiter sans trop se marcher sur les pieds et faire dormir quatre enfants. Il y a trois chambres : une pour Jorge et Celia, les parents, une autre pour les deux aînés, Rodrigo et Matías, et une dernière que Leo partage avec sa petite sœur Marisol. La famille Messi est une famille normale, voire très banale. « On est et on a toujours été des gens de ce quartier, a confié Celia, la maman, à Cecilia Caminos, la correspondante de l'agence DPA en Argentine. On connaît tout le monde ici. Avec Jorge, on était voisins. Son père vivait à un bloc d'ici et le mien, à deux blocs. On s'est rencontrés lorsqu'on était encore adolescents. Il avait 17 ans, et moi, j'en avais 15. On s'est mariés, on a acheté un petit terrain et on a construit notre maison. Tous nos enfants sont nés ici. »

Lionel, le divin enfant, ouvre les yeux au monde, au tout début de l'hiver austral, le 24 juin 1987. À 6 heures du matin, le petit bout de chou de 3 kilos et 47 centimètres naît dans une salle de l'hôpital italien de Rosario. Jorge a 29 ans et Celia 27. C'est leur troisième enfant, leur troisième garçon. Ils l'appellent Lionel Andrés. Le petit voit le jour dans une ville sens dessus dessous et plus divisée que jamais. Une partie de Rosario, située à un peu plus de 300 kilomètres au nord-ouest de Buenos Aires, célèbre ses héros.

Deux semaines avant la naissance du petit, le club

de Rosario Central est sacré champion d'Argentine, grâce, entre autres, à Omar Palma, un buteur aussi petit (1,65 m) que prolifique (20 buts) et spectaculaire. Il est la preuve vivante que les petits gabarits ont leur place sur un terrain de football. Les « Canailles » (surnom des supporters de Central) règnent sur cette ville d'un peu moins d'un million d'habitants. Jorge a le moral dans les chaussettes, car c'est un « Lépreux », un supporter de Newell's Old Boys. Il a transmis son virus à ses deux premiers fils et il compte bien en faire de même avec Lionel, son petit dernier. Les Argentins sont supporters de père en fils. C'est la tradition et elle n'est que très rarement remise en question. À Rosario, les *hinchas* de Central et de Newell's Old Boys se haïssent. Leur rivalité est historique. C'est le plus vieux des *clásicos* (derbys) du football argentin (le premier a eu lieu en 1905). Les matchs entre ces deux meilleurs ennemis sont électriques. Malheur aux vaincus. Gloire aux vainqueurs.

Dans ce contexte explosif, seule la sélection argentine peut réconcilier, le temps d'un match ou d'un tournoi, tous ces supporters. Les « Canailles » ont encore la gueule de bois après une fête mémorable lorsque la fine fleur du football continental s'invite en Argentine. Le pays accueille la 33e Copa America de l'histoire. Les champions du monde en titre, emmenés par Diego Maradona, l'idole des jeunes et des moins jeunes, sont tous là. Trois jours seulement après la naissance de Leo, l'Argentine ouvre les hostilités à

Buenos Aires face au Pérou (1-1). Rosario ne verra pas la sélection albiceleste en chair et en os, mais la ville a quand même été désignée pour accueillir les matchs de la poule C (Paraguay, Bolivie et Colombie). Après trois semaines de compétition, l'Uruguay d'Enzo Francescoli est sacré champion du continent. L'Argentine, quatrième, a déçu sur ses terres. Lionel, encore nourrisson, a peut-être entendu les cris de joie qui ont salué les trois buts de Maradona et les deux du tout jeune et prometteur attaquant de 20 ans, Claudio Caniggia. À peine né, il est déjà plongé dans la passion du football « made in Argentina ».

Rodrigo et Matías, ses deux grands frères, ont déjà le football dans la peau. Dès que leur mère leur donne la permission, ils ouvrent la porte de la maison et s'en vont courir derrière un ballon dans la rue Estado-d'Israel. Lionel est un bébé calme. Il fait ses premiers pas à 10 mois. Et pour son premier anniversaire, ses oncles lui offrent un maillot de Newell's Old Boys. Un maillot noir et rouge devenu collector, car, en 1988, quelques jours avant l'anniversaire de Leo, les « Lépreux » sont champions d'Argentine. Ils succèdent à leurs ennemis héréditaires de Rosario Central. C'est le deuxième titre de champion de leur histoire. La fête est grandiose. Dans cette équipe, il y a des jeunes pleins d'avenir comme Abel Balbo ou Roberto Sensini, des historiques comme Gerardo Martino et des joueurs comme Sergio Almirón ou Fabián Basualdo qui croiseront la route de Lionel, plus tard, lors de ses premières années à Newell's, à Barcelone et même en sélection.

Dès qu'il est en âge de marcher, Lionel se prend d'affection pour une petite balle de tennis. Ils deviennent vite inséparables. Il joue et apprend à la dompter dans son coin, toujours avec le pied. « Lorsque ma mère l'envoyait faire des courses, se rappelle son frère Matías dans le magazine argentin *El Gráfico*, Leo prenait son ballon, sinon, il boudait et n'y allait pas. Et s'il n'avait pas son ballon, il s'en confectionnait un avec des sacs plastiques ou des chaussettes. » Il passe beaucoup de temps avec Celia, sa grand-mère maternelle. Leo se bat, chaque semaine, avec ses cousins pour savoir qui ira dormir chez elle. C'est une fanatique de football. Pendant longtemps, le rituel a toujours été le même. Le dimanche matin, tôt, la grand-mère se met aux fourneaux pour préparer une bonne plâtrée de pâtes pour ses cinq petits-fils (les trois Messi et les deux Biancucchi). « Dès qu'on arrivait chez elle, on dévorait nos pâtes et on filait dans la rue, se souvient Matías. On installait des buts et on faisait des matchs en six buts. C'était toujours les petits contre les grands. Leo faisait équipe avec Manu [Biancucchi, qui fait une carrière discrète comme gardien de but] et moi, j'étais avec Maxi (Biancucchi, ex-joueur professionnel qui est passé par quelques brésiliens dont Flamengo et de nombreux clubs paraguayens avant de prendre sa retraite en 2017). Mais Leo, déjà, détestait perdre, alors lorsque ça ne se passait pas comme il voulait, il se mettait à pleurer et il fallait continuer jusqu'à ce qu'il gagne. Mais c'était tendu malgré la différence d'âge. Et je peux vous assurer que Leo, on ne l'a jamais ménagé, il en a pris des coups... » « C'est vrai que c'était assez sanglant, confirme Lionel dans *El Gráfico*. Ces matchs se terminaient toujours mal. Même lorsqu'on gagnait, mon frère me poussait à bout, car il savait que je réagissais toujours. Qu'est-ce que j'ai pleuré lors de ces dimanches de foot en famille ! » Mais le foot n'est pas qu'une histoire de famille. Les Messi jouent également « officiellement ». C'est souvent Celia, la grand-mère, qui accompagne Matías et Rodrigo au club Grandoli, situé à dix blocs de leur maison. « Un club qui n'a jamais eu d'argent, assure Óscar López, l'un des entraîneurs qui a croisé la route des Messi. Petit, Lionel venait en couches avec ses frères. Il jouait avec une balle de tennis et la faisait inlassablement rebondir contre le mur. Il jouait tout seul, dans son coin. »

Grandoli est un club de quartier typiquement argentin. Les enfants, venus pour la plupart des barres d'immeubles qui entourent le seul terrain de cette petite entité, sont entraînés par des hommes passionnés et bénévoles. Ce manque cruel de moyens explique certainement l'état désastreux du terrain : une pelouse pelée recouverte de terre et de quelques mottes d'herbe qui poussent sauvagement aux extrémités. Pendant plus de trente ans, le club a fonctionné grâce à l'énergie de don Salvador Aparicio, un ancien employé des chemins de fer argentins qui vécut jusqu'à sa mort dans un taudis à quelques mètres du terrain.

En trente ans, il en a vu passer des joueurs, des exceptionnels, des bons et des moins bons. Et si Messi est aujourd'hui le joueur qu'il est devenu, il le doit aussi à cet homme à la fine moustache et au verbe haut. Au fond de son canapé miteux, au milieu d'une pièce insalubre, don Salvador se souvient bien du jour où le petit a fait ses premiers pas : « Rodrigo, le frère aîné (catégorie 1980), était excellent, c'était un joueur très complet que je comparais à Gabriel Batistuta. Ce jour-là, en 1992, la mère et la grand-mère de Lionel accompagnaient les deux grands. Elles sont arrivées en avance et avant le match des catégories de Matías (1982) et de Rodrigo, nous avions organisé un match amical pour les plus petits. Il nous manquait un joueur. J'étais un peu désabusé. Nos adversaires nous mettaient la pression pour trouver un dernier gamin. Je regarde dans les tribunes. Rien. Je regarde autour et je vois un petit bonhomme qui tape le ballon contre le mur. Je vais voir sa mère et lui demande de me prêter son fils. Elle me répond par la négative. Elle ne voulait pas que son fils joue, elle n'en démordait pas. C'est finalement la grand-mère, assise à ses côtés, qui a tranquillisé sa fille et insisté pour que Lionel joue. Je me souviens qu'il a vraiment fallu négocier. Comme Celia n'était pas rassurée, je lui ai dit que je placerais le petit sur l'aile droite, près de la tribune, comme ça, s'il pleure ou s'il se fait mal, elle sera juste à côté de lui. » Le match commence. Lionel a les mains dans la gadoue. Il joue avec le sable. Il semble ailleurs, sur une autre planète. Un premier ballon arrive vers lui, il le laisse passer. « J'ai compris par la suite qu'il n'avait pas voulu le contrôler, car le ballon lui était arrivé sur son pied droit alors qu'il est gaucher. Je vais le voir et je lui explique que lorsque le ballon approche, il faut qu'il tire dedans. Le second ballon arrive sur son pied gauche. Il le contrôle et accélère, accélère, il dribble, personne n'arrive à l'arrêter et moi je lui criais : "Tire, tire." On avait l'impression qu'il avait joué toute sa vie. Sa mère, sa grand-mère, moi, tout le monde, on était scotchés sur le bord du terrain. »

Lionel a trouvé sa voie, son jeu. Le ballon devient sa raison de vivre. Dès qu'il enfile le maillot orange de Grandoli, il devient le héros d'un spectacle de quartier. Chaque prise de balle, chaque dribble est salué par des « olé » venus du bord du terrain. Il s'entraîne deux fois par semaine et joue un match chaque week-end. Sur les photos d'équipe que don Salvador a gardées précieusement dans une petite pochette en plastique, Lionel est impassible. Il fait une tête de moins que ses coéquipiers. Il nage dans son short blanc et dans son maillot orange. Ses chaussettes, blanches, tombent sur ses chevilles. En voyant ces clichés, il est bien difficile d'imaginer ce petit bonhomme slalomer entre les joueurs et réaliser d'énormes différences. Le ballon paraît immense à côté de ses frêles jambes. « Il jouait tout seul, se souvient don Salvador. Il était très vif, il dribblait tout le monde. Il n'avait pas encore 5 ans. J'avais décidé de le surclasser, il jouait donc avec les 1986. Mais l'année suivante, il a pu intégrer sa catégorie. C'était un gamin facile à gérer. Il ne parlait pas, il était très timide. Il ne répondait jamais. Mais à l'heure de l'entraînement, lorsqu'on expliquait un exercice, il était toujours devant et buvait nos paroles. » Tous ces souvenirs, don Salvador les a gardés dans un coin de sa tête jusqu'à sa mort, en 2009. Lors de notre visite, il regrettait juste que les Messi ne fassent pas un petit geste non pas pour lui, mais pour son club. « Nous n'avons même plus de ballons », se lamentait-il. Il paraît que beaucoup de footballeurs professionnels sont comme ça. Ils ne font que trop rarement un geste pour ces éducateurs et ces clubs qui les ont vus naître. Pourtant, lorsqu'il a remporté son premier Ballon d'or, en 2009, Lionel a soudainement retrouvé la mémoire et a tenu, devant une presse internationale suspendue à ses lèvres, à lui rendre un hommage posthume : « Salvador Aparicio est quelqu'un qui nous a beaucoup aidés lorsque j'étais enfant. Son soutien a été fondamental pour notre famille et c'est pour cette raison que je lui dédie, à lui aussi, ce Ballon d'or. »

Ils sont nombreux à avoir aidé Leo tout au long du premier quart de siècle de sa vie. Et tous n'ont pas eu la chance d'être remerciés ce jour-là. Don Salvador Aparicio l'a été, peut-être parce qu'il ne lui a jamais mis de bâtons dans les roues. Il savait que tôt ou tard le petit génie s'en irait pour aller jouer dans un autre club. En Argentine, il y a des espions autour de tous les terrains.

Ils sont à la recherche de la perle rare, de la petite pépite, de la poule aux œufs d'or. Pour éviter que Leo ne s'en aille trop vite, don Salvador propose à Jorge d'entraîner, la seconde année, l'équipe de la catégorie 1987 du club Grandoli. Le père accepte sans hésiter. Son fils est sous ses ordres et continue de dribbler et encore dribbler toute personne qui se dresse devant lui. Mais la renommée d'« *el Enano* » (« le Nain »), comme il est affectueusement surnommé, finit par franchir les frontières du quartier. Son départ devient vite inéluctable. « Le club de Newell's avait des espions partout, raconte don Salvador. Et Rodrigo, le frère aîné, jouait à ce moment-là dans ce club. Un entraîneur a demandé à Jorge de faire venir Leo pour un test. Il l'a bien sûr réussi haut la main. Jorge m'a prévenu, il était gêné, mais je lui ai dit de foncer, car il ne fallait pas laisser passer une telle opportunité. »

Un nouveau chapitre s'ouvre alors dans la vie de Lionel Messi. Ce maillot que ses oncles lui avaient offert pour son premier anniversaire, il le porte désormais, chaque week-end, pour de vrai, officiellement. Il continue son apprentissage sur des terrains à taille réduite. En Argentine, tous les joueurs en herbe, entre 5 et 9 ans, apprennent les rudiments du football sur des petits terrains. Cette première étape de la formation s'appelle le « *baby-fútbol* ». C'est ce qui explique, entre autres, la force des Argentins dans les petits espaces. Mais Rosario n'est pas Buenos Aires. Et si les jeunes Porteños (habitants de la capitale) jouent en général sur du dur et en salle, à Rosario ils commencent en plein air, sur des terrains en herbe. Plus ou moins en bon état, ça dépend des clubs. Newell's Old Boys est un club très réputé en Argentine pour sa formation. La légende dit même que c'est le club qui a formé le plus grand nombre d'internationaux argentins.

Les installations de l'école de football se trouvent à l'autre bout de la ville. C'est un petit complexe qui porte le nom de « *Malvinas Argentinas* » (les îles Malouines argentines). Sur un mur, dans la rue, est inscrit en lettres noires et rouges sur fond blanc : « *Es el glorioso Newell's Old Boys* » (Le glorieux Newell's Old Boys). Au premier coup d'œil, pourtant, les installations ne sont pas si glorieuses que ça. Les terrains sont défraîchis et les petites tribunes auraient besoin d'un bon coup de pinceau. Les enfants qui s'entraînent sur l'un des quatre terrains du complexe ne s'en rendent même pas compte. Ils préfèrent contempler la fresque peinte sur un mur au bord du terrain principal. Il y est inscrit : « Des Malvinas Argentinas à la première division » avec des noms comme Sebastián Domínguez, Lucas Bernardi, Maxi Rodríguez... Des joueurs qui, comme Messi, sont passés par ce complexe et ont gravi tous les échelons jusqu'à jouer en première division sous le maillot *rojinegro* (rouge et noir). Tous les enfants, tel Lionel à son époque, rêvent d'un pareil destin. C'est en mars 1994 que « la Puce » découvre ce lieu. À 7 ans, il est toujours aussi petit et aussi timide. À 7 ans, c'est déjà sur le terrain qu'il s'exprime le mieux. « Même un aveugle aurait pu voir qu'il avait de la magie dans les pieds, soutient Carlos Morales, qui a été son coach et son éducateur pendant trois ans. Il s'entraînait à Newell's, mais, au début, il continuait à jouer quelques matchs à Grandoli. C'était un enfant qui jouait comme un adulte. À partir de 8 ans, mon boulot était simple : je devais former les *chicos* (enfants) pour qu'ils jouent à onze contre onze. À partir de 9 ans, ils s'entraînaient d'ailleurs deux fois par semaine sur un grand terrain. En *baby-fútbol,* Leo était têtu, il ne donnait jamais le ballon. Il le gardait précieusement. Il était spécial. Sur un terrain à sept, c'était un crack, sa technique alliée à sa vitesse d'exécution le rendait invulnérable. Il dribblait ses adversaires les uns après les autres. C'était impossible de lui voler le ballon. Sur un terrain à onze, c'était un magicien. Il faisait encore plus de différence, car il avait plus d'espace. Dès que le match devenait difficile, il mettait tout le monde d'accord. Avec son équipe, il a été quatre fois champion en six saisons. C'est énorme, car le niveau était très élevé. C'est pour cette raison qu'on a appelé cette équipe *"la Máquina 87"* [la Machine 87]. C'était un groupe très uni. Ils étaient tous très amis, ils se retrouvaient souvent chez Lucas Scaglia. »

Lucas Scaglia est l'un des rares amis de Leo qui acceptent encore de parler aux journalistes. Lui aussi tente de gagner sa vie en jouant au football. Après Newell's Old Boys, il s'est envolé vers le Vieux Continent et installé en Grèce. Sa chambre à Rosario est un musée dédié à son pote : des photos de Leo, des maillots du Barça et de la sélection albiceleste et des souvenirs de l'époque bénie de la *Máquina 87*. Comme son illustre ami, Lucas n'est pas un grand bavard. « C'est vrai qu'au premier abord, Leo peut paraître très timide. Au début, d'ailleurs, il ne parlait pas beaucoup. Mais petit à petit, il s'est détendu. Avec nous, il s'est rapidement senti en confiance. Après les matchs, on allait souvent manger chez lui. Une fois notre repas ingurgité, on se précipitait dehors, à la porte de sa maison pour jouer. Mon père avait des terrains de football à cinq. Le vendredi soir, on y allait tous ensemble. Ensuite, on se faisait des pyjama parties chez moi avec Franco Casanova, Juan Cruz Leguizamón et *"El Enano"*. On jouait aux cartes, on papotait et on s'imaginait en haut de l'affiche. On se faisait des tournois de PlayStation et chaque fois, et je vous jure que c'est vrai, Lionel prenait le Barça. C'était la belle époque, on était tous insouciants, et la seule chose qui nous intéressait, c'était le foot. Dès qu'on pouvait, on y jouait jusqu'à la nuit tombée. »

Lionel est un autre enfant lorsqu'il est avec ses copains. Mais dès qu'il sort de ce cercle, de ce cocon, il redevient muet. À l'école numéro 66 General-Las-Heras, il brille par son silence. Son amie d'enfance, Cintia, parle pour lui. Elle le cajole et s'en occupe comme s'il était son petit frère. Elle l'aide en cachette lors des interrogations écrites, fait office de médiatrice entre ses maîtresses et lui. Leo s'en détache lorsque l'heure de la récréation a sonné. Les autres élèves se battent pour l'avoir dans leur équipe. Son savoir-faire avec un ballon rond au bout des pieds fait de lui un leader silencieux dans toutes ses classes. Au club, à Newell's, c'est exactement la même rengaine. « Leo était muet, se souvient Carlos Morales. Il écoutait tout ce que je disais avec beaucoup d'attention. Il comprenait tout très vite. Chaque joueur avait un surnom. Et de temps en temps je me trompais en leur donnant des directives sur le bord du terrain. Leo arrivait alors au triple galop, se postait devant moi et me disait du bout des lèvres : “Non, coach. Lui, c'est Untel.” Il était vraiment très attachant comme gamin. »

Sur le terrain, « la Puce » est un ton au-dessus et élimine un à un ses adversaires. Chacun a une bonne anecdote à raconter. Carlos Morales : « On jouait en demi-finale d'un tournoi. Leo est arrivé en retard parce que son père avait terminé son boulot plus tard que prévu. Je l'ai donc mis sur le banc. Il y avait une bicyclette à gagner. On perdait 3-0 à la mi-temps. C'est le moment que je choisis pour faire entrer Leo. En une mi-temps, il inscrit trois buts et fait une passe décisive. Il est reparti chez lui, tout guilleret, avec une bicyclette. » Le petit aime déjà les défis. Son oncle et parrain, Claudio Biancucchi, se souvient d'une autre prouesse du gamin : « Un jour, les dirigeants du club sont allés le voir avant un match et lui ont dit : "Aujourd'hui, on doit absolument gagner, alors on va te donner un *alfajor* [un gâteau très prisé des écoliers argentins] par but que tu inscris." Il a répondu oui avec sa tête. Il a marqué huit buts et, à la fin du match, il est allé demander son dû aux dirigeants. » Ernesto Vecchio, son premier entraîneur à Newell's, se souvient lui aussi de l'appétit de victoires et de buts de Messi : « Leo était malade. Je ne voulais pas le faire jouer. À quelques minutes de l'issue du match, on perdait 1-0, je me suis alors tourné vers lui pour lui demander s'il se sentait prêt à jouer. Il m'a répondu oui avec sa tête. Il est entré, a inscrit deux buts coup sur coup et nous avons gagné ce match. »

« *El Enano* » est un joueur hors pair, « un crack », comme aiment le dire les Argentins. « Le foot a toujours été au centre de sa vie, explique la mère de Leo, Celia, à l'agence DPA. Il jouait tout le temps. On voyait qu'il était différent, c'était une évidence, comme le nez au milieu de la figure. Mais de là à s'imaginer qu'il deviendrait ce qu'il est devenu, aucun d'entre nous ne l'aurait parié. » Pas même Claudio Biancucchi : « Leo, la seule chose qui lui plaisait dans la vie, c'était de jouer au foot. La pire des punitions, c'était de lui interdire d'aller à l'entraînement. Il est né pro. S'il avait un entraînement à 18 heures, à 17 h 30 son sac, qu'il préparait tout seul, était déjà prêt. On a tous rêvé qu'il devienne professionnel. Lorsqu'il était petit, en voiture, je rigolais avec lui, je lui montrais des maisons et je lui disais : “Quand tu seras le meilleur joueur de la planète, tu m’offriras cette maison ou celle-là.” C’est ce qu’il a fini par faire. » À Newell’s Old Boys, les entraîneurs et les dirigeants sont plus mesurés et ne veulent surtout pas faire d’anachronisme. Pour Sergio Almirón, le même qui faisait partie de l’équipe de Newell’s championne en 1988, ex-coordinateur général du football catégorie enfants : « Leo était un joueur exceptionnel. Mais à son âge beaucoup de gamins font des différences énormes. Entre nous, on se disait que s’il continuait comme ça, il pourrait certainement jouer, un jour, en première division. Ce serait vous mentir de dire qu’on voyait en lui le futur meilleur joueur de la planète. » « C’est vrai, poursuit Carlos Morales. Il nous impressionnait. Il avait une technique exquise. D’ailleurs, à la mi-temps des matchs de Newell’s, il faisait une démonstration de jongles, au milieu du terrain devant des milliers de spectateurs souvent médusés de voir un si petit bonhomme aussi agile avec le ballon. Pour moi, le principal obstacle à sa carrière, c’était sa taille. Il était vraiment trop frêle, trop petit. »

5

Le traitement

Sergio Omar Almirón nous reçoit dans son bureau. De sa petite fenêtre, il a une vue imprenable sur le terrain d'honneur du complexe des Malvinas Argentinas de Newell's Old Boys. Il décroche son téléphone, appelle sa secrétaire et lui demande de lui apporter immédiatement la boîte « Messi ». Elle est précieusement gardée, sous scellés, dans un petit coffre-fort. Lorsque sa secrétaire entre dans son bureau, il sort une clé d'un tiroir et ouvre nerveusement cette boîte. Elle est remplie d'une vingtaine de bons. « Regardez-les, nous demande-t-il. Ces bons sont la preuve que nous avons essayé d'aider les Messi. » Des bons, il y en a des bleus, des blancs et des roses. Ils ont la taille d'une carte postale. Ils sont datés et signés. Sur chacun d'entre eux, il y a un cachet officiel « Escuelas de Fútbol Malvinas Argentinas », mais aussi le destinataire de ces dons : « medicamentos a Lionel Messi » (médicaments pour Lionel Messi). En l'an 2000, par exemple, Newell's a versé des sommes aux Messi presque tous les mois : 200 pesos en février, 200 en mars, 155 en avril, 150 en juin, 150 en juillet, 100 en août et encore 100 en septembre (à cette époque de dollarisation de l'économie en Argentine, un peso égale un dollar). « Un jour, se souvient Almirón, les parents de Lionel nous ont demandé un rendez-vous. Je les ai reçus dans ce même bureau. Ils n'étaient pas dans leur assiette. Ils m'ont avoué qu'ils ne s'en sortaient pas, que personne ne les aidait à payer le traitement de Lionel. Je leur ai répondu qu'on allait essayer de trouver une solution. Ensuite, on a collaboré comme on a pu. Il ne faut pas oublier qu'à cette époque-là, c'était la crise en Argentine et à l'école de football notre budget était ridicule. Si on avait pu faire plus, on l'aurait fait, mais on ne pouvait pas, c'est aussi simple que ça. Je ne suis pas certain que les Messi l'ont bien compris. »

À la fin des années 1990, le club de Newell's Old Boys est en crise. Son président (de 1994 à 2008), Eduardo López, le dirige d'une main de fer. Il s'est acoquiné avec les *barras bravas* (supporters ultras) pour faire régner l'ordre et la terreur. Pendant que le club s'appauvrit, lui et ses collaborateurs les plus proches s'enrichissent. Sous la gestion du « dictateur » Eduardo López, le centre de formation ainsi que l'école de football sont laissés à l'abandon. L'argent manque. Les infrastructures tombent en ruine. Almirón a donc raison, le club est en manque de liquidités et ne peut que trop partiellement aider Lionel Messi. Si la crise que traverse le pays est une raison évidente, la gestion du club en est une autre tout aussi évidente.

Malgré cela, plus de dix ans après les faits, la rancune est toujours aussi tenace. Sergio Almirón, Carlos Morales, l'entraîneur de Leo à l'époque, ne comprennent pas pourquoi les Messi leur en veulent autant. Celia a même déclaré à l'agence DPA que pour elle : « Newell's n'existe pas. » Ces mots, Almirón et tous les bénévoles du club ne les ont pas encore digérés. Certains, sous couvert d'anonymat, prétendent que les Messi en veulent également à Newell's parce que le club avait renvoyé le très prometteur Rodrigo, le frère aîné de Lionel. Rodrigo était pourtant un très bon joueur. Mais l'aîné de la fratrie est passé par une grosse crise d'adolescence. Il est devenu incontrôlable et les dirigeants de Newell's ont préféré le mettre à la porte. Celia et Jorge ne l'ont jamais oublié.

« Ils ont la mémoire courte, ajoute Almirón. C'est grâce au club que le déficit en hormones de croissance de Lionel a été détecté. C'est nous qui lui avons conseillé d'aller voir un médecin, car il était vraiment plus petit que la moyenne. » « C'est vrai, confirme Carlos Morales. Deux joueurs de Newell's étaient déjà passés par là. Il y a eu un certain Sergio Maradona, ça ne s'invente pas, mais aussi Damián Manso (ex-joueur de Newell's, de Bastia, de Pachuca ou de Liga de Quito). C'est Nestor Rozin, un dirigeant du club, qui a pris les Messi par la main et les a envoyés consulter le docteur Schwarzstein. »

Endocrinologue réputé à Rosario, le docteur Diego Schwarzstein est aussi un supporter inconditionnel de Newell's Old Boys. Ainsi, lorsque le club de son cœur fait appel à lui, il est toujours prêt à donner un petit coup de main. Son cabinet est situé en plein centre-ville. Il n'a jamais rien caché et a toujours reçu les journalistes à bras ouverts. Cet homme d'une petite cinquantaine d'années aux cheveux courts, pour mieux cacher sa calvitie, et au bouc soigneusement aiguisé parle sans retenue de son patient le plus célèbre. « La première visite a eu lieu le 31 janvier 1997, se souvient-il. Lionel était accompagné de Jorge. C'était un petit bout de chou timide et très attachant. À 9 ans, il mesurait 1,25 mètre. Il était donc bien en dessous des courbes normales. Leo a d'abord dû subir une batterie d'examens. Il a été rigoureusement suivi cliniquement pendant environ un an. C'est un processus long, car on doit observer sa courbe de croissance. Ces analyses coûtent très cher, et la Sécurité sociale met toujours un peu de temps avant de les rembourser. Il lui a été diagnostiqué un déficit partiel d'hormones de croissance. Cette carence touche un enfant sur 20 000. Leo a donc commencé sa cure une année plus tard, en 1998. Dans ce cas précis, la substance naturelle peut être remplacée par une autre substance, synthétique celle-là. Leo devait donc s'injecter quotidiennement des hormones. Et ce, tout au long de sa croissance. Ce traitement dure, en général, entre trois et cinq ans. Il faut savoir qu'un enfant qui a ce genre de déficit en hormones de croissance a une vie complètement normale. Il n'existe pas de contre-indication. Leo pouvait donc jouer au foot autant qu'il le voulait. Le seul petit inconvénient, c'est que, de temps en temps, l'enfant qui subit ces soins, comme Lionel, peut être un peu fatigué. On lui conseille alors de s'habituer à faire des siestes. » Dix ans plus tard, Lionel n'a toujours pas perdu cette habitude, puisqu'il fait la sieste chaque jour, dans sa maison de Castelldefels, dans la banlieue de Barcelone.

Après avoir pris connaissance des résultats des analyses, les Messi sont soulagés et ils connaissent enfin les raisons de la petite taille de leur fils. Ils ont également bien compris que tout cela pouvait s'arranger. Lionel n'a pas l'air d'être traumatisé. D'ailleurs, c'est lui, et lui seul, qui s'injecte quotidiennement ses hormones. Il ne se plaint pas et n'a besoin de personne pour lui rappeler ce qu'il a à faire. Il suit consciencieusement sa cure. Le soir, lorsqu'il va dormir chez Lucas Scaglia par exemple, à peine le pas de la porte franchi, il dépose dans le réfrigérateur de son ami une petite boîte dans laquelle il a mis ses capsules. L'heure venue, il s'injecte discrètement sa dose dans la jambe, puis reprend le cours normal de sa soirée. Lionel a 10 ans. Celia, sa mère, ne travaille plus. Jorge, lui, gagne sa pitance dans une grande usine métallurgique de la région : Acindar. Il est le superviseur du service des barbelés. C'est une famille de classe moyenne. Le traitement de Lionel coûte cher : 960 dollars par mois.

L'histoire officielle raconte que les Messi ont eu bien du mal à le payer. Sur son site officiel, Lionel raconte même que personne n'a voulu mettre la main à la pâte et qu'au final, étranglée financièrement, la famille a dû se résoudre, à contrecœur, à s'exiler en Europe. Cette histoire est régulièrement reprise dans les médias comme si le parcours de Messi n'en était que plus beau. Et pourtant, la réalité est tout autre. Le docteur Schwarzstein est formel : « Le traitement de Lionel a été pris en charge par la Sécurité sociale, par la mutuelle de son père ainsi que par la fondation Acindar. C'est vrai qu'il y a beaucoup de lourdeurs administratives, car il faut renouveler sa demande tous les six mois. Donc, de temps en temps, il y avait quelques retards dans les remboursements. Mais je peux vous assurer que pendant trois ans les soins ont été entièrement pris en charge. » Même son de cloche du côté de la fondation Acindar, qui s'étonne, elle aussi, de cette version officielle. « En 1998, confirme une employée de la fondation, nous avons reçu une demande d'aide de Jorge Messi. La Sécurité sociale payait la moitié du traitement, la mutuelle 25 % et la fondation a pris en charge les 25 % restants. Cela a duré de septembre 1998 à juin 2000. Au mois d'août de l'an 2000, nous avons même reçu une lettre de remerciement. Et en décembre de l'an 2000, nous avons payé quelques doses additionnelles. » Si le traitement était entièrement pris en charge, alors pourquoi Celia allait-elle quémander de l'argent à Newell's ? L'Argentine est alors plongée dans une crise économique et financière sans précédent. Dès 1998, le pays est en récession (baisse du PIB par habitant). Le chômage atteint le record historique de 22 % de la population active et le taux de pauvreté culmine à 57 %. L'inflation, galopante, étrangle la grande majorité de la population. Les consommateurs sont totalement désarmés face à l'envolée des prix. La famille Messi n'est pas épargnée. Alors, pour fuir cette crise, de nombreux Argentins profitent de leurs origines espagnoles ou italiennes pour traverser l'océan Atlantique. Ils sont prêts à se déraciner pour trouver un travail et repartir de zéro. Selon la Direction nationale argentine des migrations, 250 000 Argentins ont quitté le pays à partir de l'an 2000. Et, officiellement, 60 000 d'entre eux ont trouvé refuge en Espagne. Dans la réalité, ils sont certainement bien plus nombreux. Dans un coin de sa tête, Jorge Messi pense de plus en plus à tenter cette aventure. Avec Celia, ils ont même eu l'idée de s'envoler vers l'Australie. Mais avant de se résoudre à partir, Jorge veut tout tenter. Il se dit certainement que les talents de footballeur de Lionel peuvent aider la famille à s'en sortir. Il va donc tenter un coup de poker et proposer son fils à River Plate, l'un des plus grands clubs d'Argentine. « J'étais alors un dénicheur de talents pour River dans la région de Rosario, a déclaré Federico Vairo à la chaîne argentine C5N. Un ami m'a parlé de Messi. La première fois que je l'ai vu, j'ai été surpris parce qu'il était vraiment très petit. Son père m'a dit qu'il aimerait bien que je le voie jouer. Le problème, c'est que j'avais bien une journée de détection d'organisée, mais elle était réservée aux joueurs âgés de 16 ans. Messi n'avait pas encore 13 ans. Mais son père m'a dit que ça ne posait pas de problème, que son fils était habitué à jouer avec des plus grands. J'ai donc finalement accepté et là, je suis resté bouche bée. Il a dribblé tout le monde, personne ne pouvait l'arrêter. J'ai appelé le club et je leur ai dit de faire venir Lionel à Buenos Aires pour qu'ils le voient en chair et en os. » Quelques semaines plus tard, Lionel et Jorge débarquent dans la capitale, accompagnés par un certain Giménez, un autre attaquant de Newell's. Les deux font la paire et se montrent bien supérieurs à leurs adversaires. « Lorsqu'on l'a vu à l'œuvre, affirme Galdino Luraschi, alors entraîneur à River Plate, on a décidé de le faire signer. Malgré sa petite taille, il a été phénoménal, c'était vraiment le genre de joueur qu'on prenait les yeux fermés. Je me souviens même qu'on l'avait fait évoluer au côté de Gonzalo Higuaín, un autre crack né en 1987. Si on m'avait dit alors que ces deux-là formeraient le duo d'attaque de la sélection argentine lors d'une Coupe du monde, je ne l'aurais certainement pas cru. » River Plate est donc sous le charme. Jorge en profite et fait monter les enchères. Il est dur en affaires. Si les « Millonarios » (surnom des supporters et des joueurs de River) veulent voir Lionel évoluer sous le maillot de River, ils doivent lui donner un travail et une maison. Lionel n'a que 13 ans. Les dirigeants bottent alors en touche, car ils ne sont pas prêts à mettre autant d'argent sur un enfant. « Et puis, il y avait un autre problème, assure Luraschi. Newell's ne voulait pas libérer le joueur. Et la loi est formelle en Argentine : si le joueur part de son club sans son accord, il ne peut pas avoir une nouvelle licence pendant deux ans. C'est le prix de sa liberté. Finalement, Newell's n'a libéré que Giménez. Je peux vous assurer qu'à aucun moment lui ou son père nous ont parlé de son problème de croissance et du traitement qu'il devait suivre. Donc je trouve ça un peu fort qu'on prétende que Messi ne soit pas venu à River parce que le club ne voulait pas payer ses hormones de croissance. C'est un mensonge. »

Lorsque cette histoire arrive aux oreilles des dirigeants de Newell's Old Boys, ils voient rouge. « Je pense que Jorge a emmené Lionel à River pour mettre la pression sur Newell's », assure Claudio Biancucchi. Sergio Almirón et Carlos Morales décident de s'inviter chez les Messi pour aller mettre les points sur les « i ». Carlos Morales explique à Jorge qu'il existe un pacte entre les clubs argentins pour éviter que les uns ne volent pas les joueurs des autres. En clair, chaque joueur est intouchable si son club ne donne pas son accord. Almirón et Morales font promettre, ce jour-là, aux parents de Lionel qu'ils seraient les premiers prévenus s'ils avaient des envies d'ailleurs. Pour partir, il faut avoir un point de chute. Mais encore faut-il en trouver un. L'histoire officielle, véhiculée par Jorge et par Lionel, raconte que le père et le fils sont allés à Lerida, en Catalogne, chez des cousins éloignés. Que là-bas, Jorge avait trouvé un travail. La réalité, encore une fois, est tout autre.

À Rosario, Lionel suit normalement sa cure. Il grandit, s'épaissit un peu. Sur les terrains, il en fait voir de toutes les couleurs à ses adversaires. Des agents, qui flairent la bonne affaire, s'approchent de Jorge. Les Messi se lient d'abord avec Fabián Basualdo, l'ex-international (29 sélections) de Newell's. Mais cette relation ne dure pas bien longtemps puisque l'entreprise pour laquelle travaille Basualdo refuse de prendre en charge une partie du traitement. Basualdo a beau emmener Lionel au cinéma et lui donner quelques pesos par-ci par-là, ce n'est pas suffisant aux yeux de Jorge. Il décide de s'en séparer le jour où Claudio Biancucchi joue les intermédiaires. Son fils, le cousin germain de Leo, Maxi Biancucchi (né en 1984) est représenté par Martín Montero et Fabián Soldini de l'entreprise Marka. Claudio, plus que satisfait du travail réalisé par les deux hommes, leur demande de jeter un œil sur son filleul. « Au début, on n'était pas très chauds, avoue Fabián Soldini. Leo n'avait que 12 ans et nous n'étions pas habitués à représenter des joueurs aussi jeunes. Mais un jour, je l'ai vu à l'œuvre presque par hasard.

J'étais allé voir un match de Newell's et l'équipe de Leo jouait avant. J'ai immédiatement appelé Claudio et je lui ai demandé si son filleul portait le numéro 9. Il m'a répondu par l'affirmative. Je lui ai dit qu'on voulait rencontrer sa famille le plus vite possible. » Quelques jours plus tard, un samedi matin, Fabián Soldini, Martín Montero, Claudio Biancucchi et Jorge Messi se retrouvent dans un bar, aujourd'hui disparu, de la rue piétonne Cordoba, en plein centre-ville de Rosario. « Jorge nous a immédiatement prévenus. Il ne collaborerait avec nous qu'à deux conditions : d'abord, qu'on paie la moitié des soins de son fils ; ensuite, qu'on lui permette de faire un essai dans un grand club à l'étranger. Jorge avait bien vu qu'un joueur argentin de 11 ans, Leandro Depetris, venait de signer au Milan AC. Et donc que l'âge de son fils, 12 ans, n'était pas un obstacle pour faire un essai à l'étranger. On a accepté le deal. »

Les nouveaux agents acceptent de prendre en charge la moitié du coût du traitement de Lionel Messi. Pourquoi Jorge leur demande-t-il cela ? Parce que la fondation Acindar ne lui rembourse plus les hormones de son fils ? C'est ce que soutient Fabián Soldini : « La fondation avait promis à Jorge de lui rembourser la totalité du traitement, mais au final, elle n'en payait que la moitié. Entre la Sécurité sociale et la fondation, la cure de Leo était entièrement prise en charge. Mais au mois de mars 2000, la Sécurité sociale n'a plus rien remboursé. De mars 2000 jusqu'au mois de janvier 2001, nous avons donc payé la moitié du traitement de Leo. » Nous l'avons vu plus haut, et même s'ils pensent qu'il devait y avoir du retard dans les remboursements, le docteur Schwarzstein et la fondation Acindar démentent formellement cette version. Le docteur Aldo Miglietta également. Cet endocrinologue est un membre de la Commission nationale d'aide aux enfants qui souffrent de déficit d'hormones de croissance. « Cette histoire me fait sortir de mes gonds, a-t-il déclaré à *La Capital*, le quotidien régional le plus lu de Rosario. Je suis scandalisé lorsque j'entends ou je lis que les Messi ont été obligés d'émigrer en Espagne parce qu'en Argentine, personne ne prenait en charge la cure de leur fils. C'est un mensonge. D'abord, parce que ce traitement entre dans le Programa Médico Obligatorio (Programme médical obligatoire). Et dans le cas, improbable, où Messi ne bénéficiait pas de ce programme, il aurait pu alerter la Commission nationale d'aide aux enfants qui souffrent de déficit d'hormones de croissance. Depuis 1991, cette commission prend entièrement en charge les soins des enfants qui ne peuvent pas les payer. »

Fabián Soldini et Martín Montero ne sont pas au courant de tout cela. Alors, comme convenu, chaque mois, ils envoient un chèque de 480 dollars aux Messi. Par ailleurs, ils se démènent pour trouver un contact capable de leur ouvrir les portes d'un grand club. « Nous avons appelé Juan Mateo, un avocat argentin, spécialiste du marché brésilien, qui travaillait beaucoup avec Josep Minguella, l'agent numéro 1 du FC Barcelone, raconte Soldini. Nous lui avons dit que nous avions un joueur exceptionnel à lui présenter. Il nous a écoutés attentivement, mais nous a dit qu'il était bien trop jeune, que ce n'était pas dans l'habitude du Barça de miser sur des joueurs de cet âge-là. » Pendant plusieurs semaines, c'est le calme plat. Et puis, un jour, le téléphone de Fabián Soldini sonne. C'est Juan Mateo qui l'appelle, car il a un grand service à lui demander : « C'était au mois de juin de l'an 2000, se rappelle-t-il. Juan m'a demandé de venir le voir à Buenos Aires. Il voulait que je rencontre Luiz Felipe Scolari, l'entraîneur du Palmeiras, juste avant la finale aller de la Copa Libertadores entre Boca Juniors et le club brésilien. Juan voulait que je lui explique deux-trois petites choses autour de Boca. J'en ai profité pour en remettre une couche sur Messi. Il m'a demandé de lui envoyer une vidéo du petit pour voir ce qu'il avait dans les pieds et dans le ventre. » Pour Soldini, la porte s'entrouvre. Il va s'y engouffrer. Depuis quelques semaines, Fabián a pris l'habitude de tout filmer. Mais il ne veut pas envoyer une vidéo banale et des images d'un petit lutin qui dribble tout sur son passage. Soldini, qui a plus d'un tour dans son sac, a une autre idée en tête : « Je suis allé voir Lionel et je lui ai donné un kilo d'oranges et quelques balles de tennis. Je lui ai dit : tu t'entraînes à jongler avec ça et dans une semaine je te filme. Une semaine plus tard, Leo maîtrisait parfaitement son sujet. Il a fait 113 jongles avec une orange et 120 avec une balle de tennis. J'ai envoyé le tout à Juan Mateo. Le lundi 4 septembre, Juan m'a rappelé pour me dire que nous étions attendus le lundi 18 septembre à Barcelone. » Jorge, Lionel et Fabián Soldini ont deux semaines pour tout préparer : faire les passeports, trouver des billets d'avion, organiser le voyage. Le dimanche 17 septembre, les trois compères embarquent à l'aéroport de Rosario, atterrissent cinquante minutes plus tard à Buenos Aires, changent d'avion et traversent l'Atlantique direction Barcelone. « Le voyage a été très agité. L'avion bougeait beaucoup, se souvient Soldini. Lorsque les hôtesses nous ont servi à manger, il y avait toujours beaucoup de turbulences, Leo a alors posé ses couverts et s'est endormi en un rien de temps. Le lendemain matin, nous sommes arrivés à Barcelone. »

6

L'exil

Les voyageurs, touristes ou hommes d'affaires, sortent d'un pas décidé du hall des arrivées de l'aéroport de Barcelone. Certains sont accueillis par des proches, d'autres par des chauffeurs qui lèvent bien haut des pancartes sur lesquelles sont inscrits des noms. Mais Jorge Messi, Lionel Messi et Fabián Soldini, eux, sont livrés à eux-mêmes. C'est la première fois que Leo et son père posent les pieds sur le sol européen. Heureusement que Fabián Soldini, leur guide, leur agent, prend les choses en main. « Après avoir récupéré nos bagages, nous sommes montés dans un taxi pour aller directement dans les bureaux de Minguella… Il nous a dit de nous préparer, car à 18 heures, Leo allait s'entraîner pour la première fois avec le Barça. » Avant de découvrir les terrains d'entraînement de Barcelone, cet inséparable trio passe pour déposer ses affaires à l'hôtel Plaza. C'est une tour de plusieurs étages située sur la Plaza de

España. De sa chambre, Leo a une vue imprenable sur le Montjuïc, mais aussi sur l'ancienne arène de Barcelone, sur les tours Venecianas et sur la fontaine monumentale autour desquelles les voitures et les bus transitent du matin jusqu'au soir. « Ensuite, nous avons pris le métro pour nous rendre à l'entraînement, affirme Fabián Soldini. Avant de jouer, nous nous sommes réunis avec Joaquim Rifé, directeur technique des catégories de jeunes du club. On a fait connaissance et Rifé nous a expliqué que c'était Carles Rexach qui devait prendre la décision de garder ou non Leo. Le problème, c'est qu'il se trouvait au même moment aux antipodes, à Sydney, pour les jeux Olympiques. » Le voyage commence mal : Leo doit attendre avant de faire le test officiel. Ce n'était pas prévu. Mais il en faudrait plus pour le déstabiliser. Dès son premier entraînement, il démontre qu'il a quelque chose de spécial, que ce n'est pas un joueur comme les autres. Juan Mateo est sur le bord de la pelouse ce jour-là : « Le premier exercice consistait à tirer une transversale depuis le centre du terrain vers un joueur placé sur l'aile. Il devait contrôler le ballon, le conduire jusqu'au poteau de corner et centrer pour un troisième joueur qui devait le reprendre en une touche de balle. À 13 ans, normalement, tous ces gestes ne sont pas forcément faciles à réaliser, mais Leo, qui avait déjà d'exceptionnelles qualités techniques, s'en est sorti comme un chef. Il a tout fait à la perfection et il fallait être aveugle pour ne pas voir qu'il était bien au-dessus du lot. Lorsqu'il l'a vu à l'œuvre, Alexanko, un ancien grand joueur du club, a immédiatement appelé un autre entraîneur pour qu'il voie le petit. Avec Rifé, ils ont décidé d'organiser un essai lorsque Rexach serait de retour d'Australie. » Trois jours par semaine, le lundi, le mercredi et le jeudi, Rifé l'autorise à s'entraîner avec des joueurs du Barça de son âge. Chaque fois, c'est le même rituel. Leo prépare ses affaires tout seul. Il est toujours prêt à l'heure. Ensuite, Fabián, Jorge et Leo descendent à la station de métro sur la place. Ils montent à la station España et descendent à celle de Collblanc, la plus proche du Camp Nou. Pendant que Leo se met en tenue, Jorge et Fabián s'installent sur le bord du terrain. Ils ne parlent pas et n'encouragent pas bruyamment « la Puce ». Ils brillent tous les deux par leur discrétion. Sur la pelouse, Leo surclasse ses adversaires. Mateo et Soldini comprennent vite que leur joueur a de fortes chances de réussir son test. « Au bout d'une dizaine de jours, explique Soldini, nous avons demandé à Horacio Gaggioli de se joindre à nous et de commencer à s'occuper du petit. On savait qu'on allait avoir besoin de quelqu'un de confiance à Barcelone pour veiller sur les Messi. À partir de ce moment-là, nous allions au centre d'entraînement en voiture avec Horacio. Nous n'avions plus besoin de prendre le métro. » Un jour, Horacio Gaggioli est accompagné par Gaby Calderón (l'ex-joueur du PSG, ex-international argentin, qui évolue alors au Betis

Séville) et par Migueli, le joueur aux 549 matchs sous le maillot du Barça. « Migueli me demande alors de lui montrer le petit Argentin dont tout le monde parle, se souvient Horacio. Lorsque je lui indique Leo, il me dit : “Pas la peine de lui faire faire un essai, vu comment il marche, je peux t'assurer que c'est un crack !” » Tout se passe bien, et pourtant, les Messi commencent à trouver le temps long. La faute à un « Charly » Rexach qui s'attarde à Sydney. Il est obligé d'y rester plus longtemps que prévu, car l'Espagne de Xavi et Puyol est en finale du tournoi olympique de football contre le Cameroun d'un certain Samuel Eto'o. Après la finale, qui a lieu le 30 septembre, et la défaite aux tirs au but de la Roja, Rexach entame son long voyage de retour. Joaquim Rifé prévient alors Fabián et Jorge que le petit peut se préparer, car le test va avoir lieu. Il était temps.

Le lendemain, Leo se réveille après avoir dormi sur ses deux oreilles. Il n'y a pas un nuage dans le ciel. Barcelone vit un bel été indien. Lionel est tranquille, il n'est pas angoissé. L'essai est prévu à 17 heures. Toute la journée, Jorge et Fabián lui répètent qu'il doit jouer comme il sait jouer. Comme d'habitude. Depuis la veille, ils savent que le Barça a décidé de jauger Leo sur le terrain numéro 3 du Mini Estadi du Camp Nou et qu'il aura affaire à des joueurs entre un et deux ans de plus, bien plus grands et bien plus costauds que lui.

Lorsqu'il pose ses crampons sur la pelouse, une belle brochette de vieilles stars du club a pris place sur le banc de touche. Il y a là Migueli (549 apparitions sous le maillot blaugrana), Juan Manuel Asensi (396 matchs), Joaquim Rifé (401 matchs) et Carles Rexach (449 matchs), tout juste rentré des antipodes. À eux quatre, ils ont joué presque 1 800 matchs pour le Barça (1 798 très exactement). Ils font partie de l'histoire du club, ils sont donc très bien placés pour repérer un potentiel futur joueur blaugrana. « Dès sa première touche de balle, se souvient Rifé, on a compris que cette petite "Puce" avait quelque chose de spécial. Il a marqué un but exceptionnel, à la Maradona, après avoir dribblé pratiquement toute l'équipe adverse. On se regardait avec Migueli, Asensi et Rexach, on n'en croyait pas nos yeux. » « Moi, déclare Rexach dans les colonnes d'*El Mundo Deportivo*, je me suis tourné vers Rifé et Migueli et je leur ai dit : "On le signe, maintenant !" Il y a des joueurs qui ont besoin d'être bien entourés pour faire la différence. Pas lui, et encore moins à 13 ans. Il avait un démarrage terrible, il était technique, adroit et je n'avais jamais vu un joueur aller aussi vite avec le ballon. Ce jour-là, même un Martien aurait vu que Leo était spécial, qu'il était un joueur différent. » Les vieilles légendes du Barça sont conquises. Fabián et Jorge sont rassurés, car ils savent que Leo a tapé dans l'œil du grand Barça. Le lendemain, les trois compères repartent à Rosario. Si tout se passe bien, ils savent que bientôt ils reviendront à Barcelone, mais cette fois-ci pour s'y installer définitivement.

À Rosario, Carlos Morales, l'entraîneur de la « Machine 1987 » de Newell's Old Boys, l'équipe de Leo, ne se doute de rien. « Pendant son premier voyage à Barcelone, Celia, la mère de Lionel, m'a dit que son petit souffrait d'une pneumonie puis Leo est revenu comme si de rien n'était. » Il termine donc l'année 2000 chez lui en attendant des bonnes nouvelles de Barcelone, qui tardent à arriver. Il n'a pas pris conscience qu'il passe peut-être son dernier Noël à Rosario avec ses cousins, ses oncles, ses tantes et ses grands-parents. En début d'année 2001, après avoir commencé la saison avec son club, Leo doit soudainement partir à Barcelone. La situation s'est débloquée. « Il m'a appelé un dimanche chez moi pour me prévenir qu'il s'en allait », se souvient Lucas Scaglia, son coéquipier, son meilleur ami. « Moi, j'attends toujours que la mère vienne me voir pour me prévenir que son fils s'en va, affirme Sergio Almirón. Elle m'a toujours dit que je serais le premier prévenu. » En 2008, Sergio Almirón est parti par la petite porte de Newell's, après avoir été accusé de tentative d'extorsion par la mère d'un joueur de 21 ans. Carlos Morales veille toujours au grain et continue d'entraîner au club. « Depuis que Leo est parti en février 2001, je n'ai plus jamais eu de nouvelles de lui. Comment ai-je appris qu'il était parti ? Un des entraîneurs du club a des taxis. Il m'a dit que l'un des neveux de sa femme avait accompagné Leo et sa famille à l'aéroport et qu'il s'envolait vers l'Espagne. Depuis vingt ans, les agents ont détruit le football argentin, Leo en est la preuve, car il aurait pu continuer sa formation chez nous. Serait-il devenu ce qu'il est devenu ? Je ne sais pas, parce que moi, à l'époque, j'avais peur que son physique soit un frein dans sa carrière. Je pensais qu'il jouerait en première division, ça c'est sûr, mais pas qu'il deviendrait le meilleur joueur de la planète. »

La famille Messi est prête à voyager, à changer de vie. Le 1er février 2001, Celia, Jorge, Rodrigo, Matías, Leo et Marisol embarquent à l'aéroport de Rosario pour un long voyage, direction… Barcelone. « Durant le court vol Rosario-Buenos Aires, Leo a pleuré toutes les larmes de son corps. Il avait de gros sanglots, il ne pouvait pas s'arrêter, raconte Fabián Soldini. Il savait qu'il ne reviendrait jamais. Quitter Rosario, ça a été un véritable crève-cœur pour lui. » « C'est vrai que j'ai beaucoup pleuré ce jour-là, a avoué Messi lors d'un entretien avec le magazine argentin *El Gráfico*. Je quittais beaucoup de choses, mes amis, ma maison, une partie de ma famille, mes coéquipiers… Mais en même temps, je savais que Barcelone pouvait me permettre de réaliser mes rêves. » Les Messi ont d'abord passé quelques semaines à l'hôtel Rallye. Un établissement confortable qui, depuis son toit, offre une belle vue sur le Camp Nou. Ensuite, ils ont emménagé dans un appartement, plutôt agréable, de 110 mètres carrés avec quatre chambres, situé dans la Gran Via de Carles-III, toujours dans le même quartier, à quelques encablures du Camp Nou. Un appartement proche de toutes les commodités pour Leo. Proche du collège Juan-XXIII où il suit sa scolarité. Et proche de La Masía, le centre de formation du FC Barcelone. Mais quelque chose ne tourne pas rond. Il y a comme un malaise. Les départs ne sont jamais faciles. Les arrivées dans une nouvelle ville non plus. « On avait l'impression que certains membres de sa famille le tenaient pour responsable de cette situation, se souvient Juan Mateo. Son frère aîné, Rodrigo, avait dû quitter sa petite copine, par exemple. Avec Matías, son autre frère, ils passaient leur journée à regarder la télévision. Ils ne sortaient pas de chez eux. Lorsque Celia a visité cet appartement d'un certain standing, elle nous a fait comprendre qu'elle s'attendait à mieux. Au moment de choisir les chambres, elle a donné les plus confortables, les plus spacieuses à Rodrigo et à Matías. Leo s'est retrouvé dans une toute petite chambre. On a été obligés d'intervenir, car on se faisait du souci. Lui, il ne pensait qu'au football. Lorsque le Barça jouait à domicile, au Camp Nou, il ne nous lâchait pas, il nous demandait toute la semaine de lui trouver des places. »

Mais les Messi ne sont pas venus en Catalogne pour visiter la Sagrada Familia, le Park Güell ou les maisons Gaudí. Ils ont décidé de poser leurs valises à Barcelone pour des raisons médicales. Le Barça s'est en effet engagé à payer le coûteux traitement de Lionel. Les Messi ont donc dans leurs bagages le dossier médical de Leo que leur a confié le docteur Schwarzstein de

Rosario. Parmi toutes les informations que contient ce dossier, c'est la courbe de croissance qui retient toutes les attentions. Il y est par exemple noté qu'en juillet 1998, Leo, alors âgé de 11 ans, mesure 1,32 mètre et pèse 30 kilos. En janvier 2000, à 12 ans, il mesure 1,41 mètre pour 34,5 kilos. Et enfin, en janvier 2001, à 13 ans, sa taille est de 1,48 mètre pour 39 kilos. « Dès son arrivée, prétend Horacio Gaggioli, Leo a eu affaire aux médecins. Nous sommes allés voir un endocrinologue réputé (Martí Henenberg), mais malheureusement il est décédé assez rapidement. C'est le service médical du club qui s'est ensuite occupé de lui. » Le docteur Josep Borrell est alors le chef des services médicaux du club. Il se souvient bien de l'arrivée de Leo : « Il souffrait d'un déficit d'hormones de croissance, ce qui n'est pas grave. Mais il avait une constitution assez fragile. On lui a fait suivre un régime alimentaire spécial et des séances pour renforcer les cartilages de ses genoux. » Jusque-là, rien d'anormal. En effet, les hormones de croissance font grandir les cartilages, les os et non les tendons et les ligaments. Ces derniers mettent plus longtemps à grandir. Pendant la durée de cette cure, il faut donc ménager les tendons, adapter les entraînements, masser et encore masser pour que la croissance se passe bien. Les soins doivent être arrêtés lorsque les cartilages sont soudés, sinon le patient risque de souffrir d'acromégalie – du nom d'un trouble hormonal qui provoque une augmentation anormale des mains, des pieds et de la mâchoire. Leo est donc bien surveillé. Si Joaquim Rifé croit se souvenir que le traitement a duré à peine quelques mois, Josep Borrell et Horacio Gaggioli s'accordent à dire que Leo a continué à s'injecter des hormones de croissance pendant deux ans environ après son arrivée. « La Puce » n'est pas le premier joueur à suivre un tel traitement à Barcelone. « Pep Guardiola et Jordi Cruyff ont également pris des hormones de croissance », confirme Josep Borrell. Mais à la différence de Leo, ils ne souffrent pas d'un déficit hormonal. Dans leur cas, le traitement vise plutôt à leur donner un peu plus d'épaisseur. Mais Messi a-t-il changé de traitement en arrivant à Barcelone ? La question est épineuse et mérite d'être posée. Josep Borrell assure « qu'il y a eu une petite variante, mais pour savoir laquelle exactement, il faut poser la question au docteur Ramón Segura Cardona ». Ce dernier a préféré se draper dans son silence : « Je suis dans le regret de vous dire que la politique du FC Barcelone concernant les informations relatives aux joueurs m'empêche de vous communiquer les informations que vous me demandez », nous communique-t-il. Juan Lacueva, un dirigeant du FC Barcelone qui a insisté pour la venue de Leo au club, nous a lui aussi assuré qu'il y avait eu un petit changement dans le traitement de Messi. Quel est-il ? Difficile à savoir. Fabián Soldini se souvient que le club « avait demandé à Leo de suivre un régime alimentaire spécial. Il devait s'habituer, par exemple, à s'offrir un bon petit déjeuner, lui qui, justement, mangeait peu le matin. Il lui a également été demandé d'arrêter de boire du Coca-Cola. Il faut dire qu'il en buvait beaucoup. On a alors fait un pacte tous les deux : ensemble, on s'arrête de boire du Coca jusqu'à ce qu'il soit sélectionné en équipe d'Argentine. Le Barça a fait évoluer son traitement, mais je ne pourrais pas vous dire exactement comment. Moi, je me souviens qu'il devait ingérer cinq pastilles par jour. De quoi ? Je ne sais pas ». Le mystère reste entier… Une chose est certaine, c'est que devant les difficultés à trouver un accord pour signer un contrat, Juan Lacueva a payé de sa poche quelques semaines de soins. Et ça, même Leo et sa famille ne le savent pas, car Lacueva n'est pas le genre d'homme à le crier sur tous les toits. Une autre chose est certaine, c'est que cette cure a porté ses fruits. À Barcelone, Leo a grandi de 29 centimètres en trente mois. Ce traitement, quel qu'il soit, n'a en tout cas pas traumatisé le petit Argentin, car il est habitué à s'injecter, une fois par jour, des hormones de croissance. Cela ne change rien à sa vie. Mais il sait bien que sans ces injections, peut-être qu'il n'aurait jamais percé au plus haut niveau. Le Barça lui a donc permis de grandir, mais aussi de devenir un footballeur professionnel.

Les premiers mois des Messi à Barcelone sont difficiles. Ils ont bien du mal à s'adapter à cette nouvelle vie. Leo, qui est venu pour jouer au foot, ne peut s'adonner pleinement à sa passion. Le 21 avril, il se blesse sérieusement, il se fissure le péroné de la jambe gauche. C'est un premier coup d'arrêt. Cette blessure va le tenir éloigné des terrains pendant de trop longues semaines.

Une vie sans ballon, c'est bien le pire des cauchemars pour lui. De toute façon, et même si ça ne le rassure pas, il n'avait pas encore le droit de porter officiellement le maillot blaugrana. La faute au Newell's Old Boys. Le club argentin refuse en effet d'accepter le transfert. En Argentine, la loi est simple : lorsqu'un joueur mineur s'en va jouer à l'étranger, le père ou la mère doit prouver qu'ils y sont partis pour travailler. Leo est dans l'impasse et c'est finalement la FIFA qui tranchera en faveur d'un joueur âgé de 13 ans. La Fédération internationale accepte le transfert. Messi est autorisé à changer de club et à passer du Newell's Old Boys au Barça. Il comprend peut-être alors que le monde du football est impitoyable et sans pitié. Lorsqu'il est remis sur pied, il s'entraîne normalement, mais les jours de match, il est obligé de s'installer dans les tribunes pour voir ses coéquipiers jouer. C'est dur à encaisser. Et ça ne facilite pas son intégration. Mais il ne se plaint jamais, en tout cas pas devant ses entraîneurs ou ses coéquipiers. Il partage son quotidien avec Cesc Fàbregas, Gerard Piqué ou Víctor Vázquez, les autres stars de son équipe. Chacun d'entre eux avait déjà son petit surnom. Cesc était appelé « Chisca », Piqué, « Largo » et Vázquez, « le Gitan » (« parce que j'ai la peau basanée et que j'avais les cheveux longs à cette époque-là », précise-t-il dans le quotidien sportif espagnol *Sport*). « Il était très timide, pas très loquace, se souvient dans les colonnes de *Sport* Víctor Vázquez, aujourd'hui joueur de Cruz Azul au Mexique. Il s'asseyait au fond du vestiaire, se préparait, nous regardait, nous écoutait, mais jamais il ne l'ouvrait. Et puis, à la fin de l'entraînement, il se changeait et s'en allait. » « On croyait qu'il était muet », s'amuse Cesc dans *El País*. Bref, Messi est dans son monde. Imperturbable. « C'est vrai qu'il ne parlait pas beaucoup, confirme Joaquim Rifé. Mais lorsqu'il entrait sur un terrain, il se transformait. Il devenait un leader, certes silencieux, mais il devenait un vrai leader de terrain. » Lors de sa seconde saison (2002-2003) à La Masía, Leo explose. Il inscrit la bagatelle de 37 buts en 30 matchs et se détend un peu avec ses coéquipiers. Certains l'ont affectueusement surnommé « *El Enano* » (le Nain). Il ne le prend pas mal, puisque, à Rosario, pas mal de ses ex-compagnons de ballon rond lui avaient déjà donné ce sobriquet. Cette saison-là, ses camarades le découvrent un peu. « C'est grâce à la PlayStation qu'on a découvert qu'il parlait, affirme Víctor Vázquez, toujours dans *Sport*. Lors d'un tournoi en Italie, il s'est ouvert à nous, il a commencé à parler lorsqu'on jouait à la console. Il faut avouer qu'il était super-fort à ce petit jeu-là. »

Dans ces années-là, celles de la formation de Leo, le nom de Messi commence à apparaître dans les journaux, mais sa réserve et la discrétion de ses parents ne l'ont pas aidé à mieux se faire connaître. La première mention de Messi dans le *Mundo Deportivo* date du 17 mars 2001. C'est un petit encadré long de 75 mots écrit par le journaliste Manuel Segura. Il est présenté comme « Lioner Messi Pérez » *(sic)*, un joueur venu de River Plate et défini comme un « joueur rapide et vertical malgré sa petite taille ». Sept mois plus tard, le 14 octobre, Messi, toujours inconnu, le même journal le présente comme « *el pibito* (l'enfant) de Velez (un autre club argentin) ». Le 14 avril 2002, le *Mundo Deportivo*, sous la signature de Roberto Martinez, est enthousiaste. Le titre de l'article est éloquent : « La fantastique équipe des Cadets B peut compter sur le "nouveau Maradona" ». Un peu plus bas, dans le texte, un paragraphe est même prémonitoire : « Si le Barça fait tout ce qu'il faut, et s'occupe bien de cette équipe, les Messi, Cesc et Piqué vont faire gagner beaucoup de titres au club. »

Cette saison-là justement, Leo prouve qu'il est dur au mal et qu'il a un caractère bien trempé. Lors du dernier match de championnat contre l'Espanyol de Barcelone, Messi, après un choc avec un adversaire, perd conscience. Il est immédiatement transporté à l'hôpital. Les médecins diagnostiquent un léger traumatisme crânien accompagné d'une fracture de la pommette droite. Les médecins sont formels : il doit rester éloigné des terrains pendant quinze jours. Le problème, c'est qu'une semaine plus tard, le Barça joue le dernier match de sa saison, la finale de la Coupe de Catalogne contre son meilleur ennemi, l'Espanyol. Le salut de Leo va passer par Carles Puyol, un joueur formé à La Masía qui évolue déjà en équipe première et qui, quelques semaines auparavant, a dû jouer avec un masque de protection fait sur mesure. Les médecins autorisent alors Leo à jouer seulement s'il accepte de porter ce masque. Messi s'exécute et entre sur le terrain avec un masque sur le visage qui lui donne un air de Robocop. Au bout de cinq minutes de match, pourtant, Leo s'approche de son entraîneur, Alex Garcia, pour lui dire qu'il ne voit rien et qu'il veut retirer son masque. Demande refusée. Mais en retournant sur la pelouse, Leo jette son masque, inscrit deux buts et réussit deux passes décisives (4-1) avant d'être remplacé à la 41e minute de jeu.

Ce match clôt une saison de rêve des cadets du FC Barcelone. Ils n'ont pas perdu un seul match et ont remporté toutes les compétitions auxquelles ils ont participé (championnat régional, Coupe de Catalogne et championnat d'Espagne). Alex Garcia, l'entraîneur de cette équipe légendaire, se souvient dans *El Mundo Deportivo* d'un « groupe extraordinaire formé de joueurs très compétitifs, d'authentiques vainqueurs. Ils avaient la maturité footballistique d'hommes de 22 ou 23 ans. Ils étaient en compétition toute la semaine et s'entraînaient le dimanche ».

« Je me souviendrai de cette année-là, car je me suis fait des amis pour la vie, a déclaré Cesc Fàbregas à *El Mundo Deportivo*. Víctor Vázquez et Lionel Messi venaient souvent dormir à la maison. Ces deux-là étaient inséparables. Ils se tiraient tout le temps la bourre. Si l'un inscrivait quatre buts un jour, l'autre en marquait cinq au match suivant. » « Ils se lançaient des défis, confirme Alex Garcia dans *El Mundo Deportivo*. Moi, j'avais comme principe de ne pas assigner de tireur pour les penaltys. Mais avec eux il fallait tout le temps que je tranche et que j'en désigne un. Je n'ai jamais vu un tel duo d'attaque dans les catégories de jeunes du Barça. »

Contre l'Espanyol de Barcelone, cette équipe légendaire a joué son dernier match dans cette configuration. Durant l'été 2003, Cesc s'en est allé à Arsenal. Et Leo, lui, a continué de brûler ses étapes. Quelques mois plus tard, le 16 novembre 2003, il joue dans la cour des grands et participe, pendant quinze minutes, à un match amical avec l'équipe première contre le Porto de Mourinho. Sa carrière ne fait que commencer.

7

La signature

Une petite balle blanche s'élève bien haut dans un ciel bleu immaculé. Le projectile a été lancé depuis une pelouse aussi bien taillée que celle du Camp Nou. Si ce n'est mieux. Le golf d'Empordà, bordé par la mer Méditerranée de la Costa Brava catalane, est un havre de paix en temps normal. Un parfait endroit pour s'oxygéner et faire le vide après une semaine de dur labeur. Mais, en ce mois de juin 2001, Antón Parera, qui était seulement venu là pour faire un parcours, bouillonne de l'intérieur. Il est sur les nerfs. La faute à un Juan Lacueva devenu complètement obsessionnel. En temps normal, les deux hommes s'apprécient. D'ailleurs, ils sont venus jouer au golf avec leurs femmes. Ce sont deux poids lourds du Barça. Le premier, Antón Parera, en est le directeur général (puis le directeur général adjoint). Un poste clé qu'il a tenu entre 1976 et 2003, et qui prouve qu'il a été un homme fort du club sous les mandats de Josep Lluís Núñez et de Joan Gaspart. Le second, Juan Lacueva, est le responsable exécutif du football de base du Barça et le directeur général de la fondation. Depuis le début du parcours, Lacueva lui répète encore et encore qu'il faut faire quelque chose pour ce petit Argentin, Lionel Messi. Qu'il faut absolument lui faire signer un contrat au plus vite. « Arrête de m'emmerder avec ça ! » lui lance soudainement Parera. « C'est vrai, arrête un peu… » surenchérit sa femme. « S'il te plaît Juan… » conclut la compagne de Lacueva.

Antón Parera explose, car le cas Messi lui semble dérisoire. À cette époque-là, il est un directeur général sous pression. Le Barça traverse une grave crise politique. Les luttes internes font chavirer le navire catalan. « Le club était au bord de l'implosion », se rappelle Parera, un homme charpenté à la barbe soigneusement taillée, qui est loin de faire ses 70 ans. Antón Parera, catholique convaincu, est le père d'une sénatrice de la formation nationaliste catalane *Convergencia i Unió*. Il appartient à une sorte d'aristocratie catalane. Pendant de longues années, il en a vu des vertes et des pas mûres au sein d'un club multisport qui brille sur tous les terrains. Et il a appris, avec le temps que, lorsque le Barça est en crise, il faut avancer doucement ses pions, marcher sur des œufs, et sa principale préoccupation est de ne pas mettre un peu plus d'huile sur le feu. Il doit user de toute sa diplomatie pour éviter de froisser des dirigeants devenus hystériques. Dans ce contexte explosif, la polémique née autour du cas Messi n'a pas tout de suite retenu son attention. Pourquoi faudrait-il passer des heures à discuter d'un gamin de 13 ans lorsque, chaque jour, un nouveau problème surgit ? « Au départ, admet Parera, on avait pris la décision de ne pas faire signer de contrat au petit Messi. Tout simplement parce que c'était un enfant et que ce n'était pas vraiment dans nos habitudes de recruter un si jeune joueur. Charly [Rexach] en a convenu, il était d'accord avec nous, même s'il était, au départ, favorable à son recrutement. » En prononçant ces mots, Parera met les pieds dans le plat et remet les choses à leur place. L'un des mythes qui entourent l'arrivée de Messi au Barça prétend que Rexach s'est battu comme un lion, envers et contre tous, pour faire signer la petite merveille de Rosario. La réalité est tout autre. Personne ne s'est battu autant que Lacueva pour que Messi devienne barcelonais. Même l'entourage de Laporta, qui deviendra plus tard le président d'un Barça multititré grâce à un Messi stratosphérique, était farouchement opposé à ce recrutement. « Joan Laporta et Evarist Murtra avaient même déclaré que c'était une honte que le Barça recrute un si jeune joueur », assure Parera. Un peu plus tard et sans le vouloir, Parera avoue, même sans le nommer, que c'est Juan Ignacio Brugueras, un homme très lié à Josep Lluís Núñez et à Joan Gaspart, qui a été la brebis galeuse, le dirigeant qui a catégoriquement refusé la signature de Messi. Lacueva confirme cette information. Savoir que Murtra était également farouchement opposé à cette signature est assez paradoxal, puisque c'est ce dirigeant qui, quelques années plus tard, a mis tout son poids dans la balance pour que Josep Guardiola devienne l'entraîneur du Barça. Bien lui en a pris cette fois-ci, puisque Pep Guardiola a hissé le club au sommet du football mondial, grâce à un Lionel Messi plus épanoui que jamais.

Parera, qui n'a plus aucun rôle au sein du Barça, souhaite aujourd'hui que justice soit faite. Et que la véritable histoire soit connue de tous et de toutes : « Aujourd'hui, ils se prétendent tous être les pères de Messi, mais il existe bien quelqu'un qui s'est opposé à ce que l'on paye deux millions de pesetas (environ 12 000 dollars) pour l'arracher au Newell's », assure-t-il. Tout le monde a fauté à un moment ou à un autre. Même lui : « Je reconnais que je suis de ceux qui se sont opposés à l'augmentation de salaire d'Iniesta. Et encore une fois, c'est Juan [Lacueva] qui a réglé le problème. Il est allé voir Gaspart et, ensemble, ils ont trouvé un terrain d'entente. Gaspart a alors décidé de renouveler, coûte que coûte, les contrats de Puyol et d'Iniesta. On ne leur a jamais reconnu ce mérite. » Lacueva est un homme de l'ombre à qui le Barça doit beaucoup. Peut-être parce qu'il ne lâche jamais le morceau et que même lorsque tout le monde lui dit « non », il continue son travail de sape. Parera, qui connaît bien Lacueva, finit donc par craquer. Par amitié peut-être, mais pas seulement. Pour mettre un point final à cette histoire, à cette affaire Messi, Parera convoque une réunion extraordinaire. Dix hommes, très puissants, de la commission exécutive du club se retrouvent dans une salle du Camp Nou pour débattre du futur de Messi. L'ambiance est tendue. Elle est plus propice aux coups bas et aux non-dits qu'à une discussion sereine et amicale. « Au moins six des personnes présentes ce jour-là rêvaient de devenir président du club. Je vous laisse imaginer l'atmosphère… mais malgré ce contexte explosif, Lacueva continuait d'insister au point d'en devenir désagréable », se souvient Parera. Lacueva, hors de lui, finit même par s'emporter : « Vous ne comprenez rien au football, c'est l'histoire qui vous jugera ! » assène-t-il. L'un des hommes présents lui répond du tac au tac : « Écoute, ici ce n'est pas l'Espanyol de Barcelone, nous, on ne paie pas de commissions. » Tous les coups sont permis. Les noms d'oiseaux volent dans la salle. Pour beaucoup, l'objectif est de décrédibiliser le travail de Lacueva et de rappeler qu'avant de rejoindre le Barça, il collaborait avec l'Espanyol de Barcelone, le rival historique du club.

« C'est à ce moment que j'ai décidé d'intervenir, assure Parera. J'ai donné un coup de poing sur la table et j'ai exigé des excuses. Et puis, bordel, puisque c'est comme ça, ce gosse on le recrute, un point c'est tout. J'étais hors de moi et pourtant, et que ce soit bien clair pour tout le monde : je n'avais aucune idée de qui était ce fameux Messi ou de ce qu'il valait. » À en croire Parera, ce n'est donc ni Rexach ni Josep María Minguella qui se sont battus jusqu'à leur dernière goutte de sang pour faire signer « la Puce ». Parera remet tout en question, même le légendaire épisode dit de « la serviette » sur laquelle fut soi-disant scellé le destin de Messi : « Je suis particulièrement énervé contre Minguella et Rexach. Ils s'octroient un mérite qui dans les faits revient à Juan Lacueva. Et cette histoire de serviette me fait bien rire. C'est vrai que c'est une belle anecdote, mais en vérité elle n'avait aucune valeur juridique. Elle avait été signée de la main de Minguella. Un homme qui n'était tout simplement pas autorisé à signer au nom du Barça. » Minguella, l'homme qui se targue d'avoir fait venir Maradona et Messi à Barcelone, a une tout autre version des faits. Selon lui, ce contrat signé le 14 décembre 2000 sur une serviette en papier du bar du club de tennis Pompeya, à Barcelone, a été déterminant. Ce « premier contrat » est aussi court qu'explicite : « Le 14 décembre 2000 à Barcelone, en présence de messieurs Minguella, Horacio et Carles Rexach, secrétaire technique du FCB. Ce dernier s'engage sous sa responsabilité et malgré certaines opinions divergentes à recruter le joueur Lionel Messi si tant est qu'un accord financier soit trouvé. » Le document est signé par Rexach, Minguella et Jorge Messi. Cette solution de contrat symbolique sur une serviette a contenté tout le monde. Mais elle a aussi rassuré un Jorge Messi à bout. Depuis les premiers essais de Leo, les réunions se sont succédé, les promesses se sont enchaînées et pourtant rien n'a été signé. « Certains pensaient que Messi était un joueur de football en salle et qu'il ne serait jamais assez grand pour faire carrière », se rappelle Horacio Gaggioli. Il a donc décidé, un jour, de prendre les choses en main, avec la bénédiction de Fabián Soldini, Martín Montero et Juan Mateo, les agents de Leo : « J'ai invité Charly [Rexach] à venir jouer au tennis avec moi au club Pompeya où j'avais mes petites habitudes. Le temps pressait, car, en janvier, Newell's aurait pu inscrire Leo comme joueur AFA, ce qui aurait sérieusement compliqué les choses. Nous avons donc signé un contrat sur un bout de papier. À peine sorti du club, je l'ai immédiatement déposé à mon cabinet juridique. Le jour suivant, il m'a confirmé que le document était juridiquement valide. Je garde encore ce bout de serviette dans un coffre-fort à la banque. Je l'ai plastifié et fait certifier auprès d'un notaire par Charly Rexach. » « Cet épisode n'est finalement qu'une belle histoire, n'en déplaise à ceux qui l'ont signée, assure Juan Mateo, car cette serviette n'a aucune valeur juridique. » Gaggioli ne le voit pas de cet œil. Il est formel : « Ce bout de papier a changé l'histoire du Barça. Si Charly ne l'avait pas signé, ce gamin serait peut-être devenu joueur du Real Madrid. C'était la solution la plus simple, car il fallait que le petit vive dans un pays hispanophone. Le transférer en Italie aurait été une grave erreur et un échec assuré. »

En cet après-midi de novembre 2011, Juan Lacueva,

très affaibli, est allongé sur son lit dans la chambre 524 de la clinique Quirón. Un établissement situé à la périphérie de Barcelone, là où se dessine la frontière entre la ville et la montagne. Lacueva a la peau sur les os. Il lutte contre une maladie complexe. Il est extrêmement maigre, a bien du mal à se déplacer, mais ses souvenirs sont intacts. Il suffit de prononcer le mot magique « Messi » pour que sa tête et sa langue se mettent en marche. Il se souvient de tout : des chiffres, des dates et de nombreuses anecdotes. Il est isolé, mais à ses côtés, posé sur les draps blancs de son lit, un ordinateur portable lui permet de rester connecté avec la réalité et avec l'actualité.

Sa première rencontre avec Messi l'a profondément marqué : « Il était alors beaucoup plus frêle que je ne le suis aujourd'hui. » En l'an 2000, Barcelone testait environ « trois joueurs par semaine » et la situation de Leo n'était pas simple. « Il ne se sentait pas bien : il se sentait isolé. Il avait l'impression que personne ne faisait attention à lui. C'est pour cette raison qu'après les premiers essais, il a décidé de rentrer chez lui, en Argentine. On ne savait pas vraiment qui avait les droits du joueur. Newell's ne l'avait toujours pas inscrit auprès de l'AFA. Minguella et moi-même avons exigé que l'on prenne son cas au sérieux, car il avait quelque chose de spécial dans les pieds. Messi a alors joué un match avec des joueurs plus âgés que lui. Au bout de dix minutes, Rexach me dit, sûr de lui : "Recrute-le. Moi, je dois partir à une réunion."

Joaquim Rifé, le directeur technique de la formation des jeunes du Barça, a confirmé et m'a conseillé de le recruter au plus vite. »

Tout paraît simple. Et pourtant, tout est compliqué. Fabián Soldini et Martín Montero, les jeunes agents argentins de Messi, qui avaient envoyé une vidéo du prodige à Minguella, ont déjà préparé un contrat. Ils voient les choses en grand. Ils ont une confiance absolue en Leo. Ils y incluent des clauses assez surprenantes pour un gamin de 13 ans : « Si Leo débutait en équipe Junior A, le club devait lui payer une somme rondelette, puis une autre s'il parvenait à jouer avec le Barça B, et 600 000 euros s'il se hissait jusqu'en équipe première, confirme Lacueva. Un dirigeant nous a alors traités de fous, car il ne comprenait pas que l'on puisse promettre 600 000 euros à un enfant de 13 ans. Je lui ai calmement expliqué que nous aurions à débourser cette somme seulement s'il parvenait à jouer en équipe première. Et que si cela se produisait, c'était une super-affaire pour le club qui n'aurait à débourser "que" 600 000 euros pour un joueur de l'équipe première. »

Le jour de ce fameux repas au club de tennis Pompeya, lorsque le premier contrat de Messi est signé sur une serviette en papier, un homme s'invite, sur les coups de 17 heures, dans le bureau de Lacueva. C'est Jorge Messi, le père de Leo. Il en a gros sur le cœur. Il est visiblement à bout. Entre les deux hommes, il n'y a pas de round d'observation. Jorge attaque de but en blanc : « Franchement, vous trouvez ça sérieux que le Football Club de Barcelone signe un contrat sur un vulgaire bout de papier ? » Lacueva lui répond, sans perdre son sang-froid : « Je vous propose un contrat qui stipule qu'à chaque fois qu'il sera question d'argent, il faudra trouver un accord financier. »

Son fils a tapé dans l'œil du Barça, il en est désormais certain. Mais la loi est la loi et elle stipule qu'un enfant n'est pas une marchandise. Un club, quel qu'il soit, ne peut donc pas acheter un joueur de 12 ans. Fort heureusement pour lui et Leo, les clubs savent depuis longtemps contourner cette loi. Pour que Leo débarque à Barcelone, Jorge doit avoir un travail. Même fictif. C'est pour cette raison que très rapidement il demande à Juan Lacueva : « Et mon travail alors ? Vous y avez pensé ? » « On va te faire un contrat d'observateur de joueurs de l'ordre de sept millions de pesetas (environ 45 000 euros) par an, lui répond Lacueva. Je te signe ce contrat tout de suite, mais pour être validé il faudra deux signataires de plus ainsi que l'accord de la commission exécutive. »

Lacueva tente, tant bien que mal, de rassurer Jorge. Mais ce n'est pas assez. Jorge n'est pas vraiment satisfait de ce qui lui est proposé. « Il m'a alors dit qu'il en avait assez des pique-assiettes, des profiteurs, de tous ces hommes qui prenaient une commission pour un oui ou pour un non. Ses propos ne me visaient pas. Il en avait plutôt après Minguella qui a été à l'origine de la venue de grands joueurs à Barcelone. Et c'est vrai qu'à chaque fois il a gagné beaucoup d'argent. C'est le jeu, le système des transferts, donc, il n'y avait rien de scandaleux là-dedans. » Et ce n'est pas tout, car Jorge Messi a bien des raisons d'être agacé. Les promesses du club ne se sont pas encore concrétisées, sa famille est divisée, déchirée entre Rosario et Barcelone, et son benjamin, Leo Messi, celui qui a de l'or dans les pieds, traîne sa peine. Bref, personne n'est heureux. L'angoisse règne dans la famille Messi. Tout le monde attend que les choses se décantent enfin.

Jorge a besoin d'un travail. Et le Barça l'a bien compris. Au départ, Parera a dans l'idée de lui offrir un poste au sein de la brasserie Dam, une entreprise très proche du club et qui tend souvent la main aux ex-joueurs du club. « J'ai demandé à Gustavo Biosca, qui s'occupait de ce genre de choses, s'il avait un travail pour le père, sans emploi, d'un joueur qu'on allait bientôt recruter. Pour diverses raisons, ça ne s'est jamais fait. Jorge Messi n'a jamais été au courant qu'il aurait pu, un jour, travailler chez Dam. » Au lieu de travailler dans une brasserie, « le Barça lui a trouvé un emploi fictif dans une entreprise située en face du club, assure Gaggioli. Ensuite, il est venu travailler avec moi, dans mon bureau, mais il n'a jamais rien fait ». Avant cela et pour rassurer Jorge Messi, Minguella, sur les conseils de Montero, met la main à la poche. « On avait trouvé un accord, confirme Martín Montero. Minguella avait proposé un contrat à la famille de Messi : une maison et 4 000 dollars par mois. » La famille pouvait enfin respirer.

Pas facile de savoir exactement ce que Jorge a exigé et ce qu'il a obtenu. Mais une chose est certaine : pendant quelques mois, tout n'a tenu qu'à un fil. Leo a en effet signé son premier contrat professionnel en 2004. « Jusqu'à cette date-là, assure Parera, Leo avait un contrat de jeune joueur que l'on prolongeait. Tout était assez précaire. » Lacueva avait pourtant forcé la main à Parera en 2001 en lui demandant de signer quelque chose au petit pour ne pas le perdre. « J'ai dit à Parera qu'il fallait le faire signer coûte que coûte. Paco Closa (secrétaire du président Gaspart et membre de la commission exécutive) a signé, mais Brugueras n'a jamais voulu en faire autant. Juridiquement, le contrat n'était donc pas valide. »

Gaggioli se souvient bien de ce contrat daté du 1er mars 2001 : « Brugueras ne l'avait pas signé », confirme-t-il. Il se souvient également que lorsque Laporta est arrivé à la tête du club, à la place de Gaspart, « il a fallu tout recommencer de zéro. Et le temps ne jouait pas en notre faveur, c'était une véritable course contre la montre. Car Leo avait 13 ans, et à cet âge-là, le club avait encore le droit de le recruter sous le statut de “joueur en formation”. Mais à 14 ans, la loi espagnole est catégorique, et Leo n'aurait pas pu signer au Barça en venant d'Argentine. C'est pour cette raison que Newell's n'a jamais voulu entériner son transfert. Leo avait déjà signé au Barça, mais il a dû attendre six mois avant d'avoir le droit de jouer ». Le temps que la FIFA lui donne raison. Le 17 février 2002, une commission administrative de la Fédération internationale de football autorise le transfert de Messi.

Même si son premier contrat signé au mois de mars n'a aucune valeur juridique, Messi peut commencer à jouer sous ses nouvelles couleurs avec l'équipe B de sa catégorie. Il fait rapidement parler de lui sur et en dehors des terrains. À peine a-t-il eu le temps de s'adapter à ce nouveau football qu'un autre problème administratif surgit : « Javier Tebas, le vice-président de la Fédération espagnole de football, l'a empêché de disputer deux ou trois matchs. Il prétendait qu'il occupait un poste d'étranger et qu'il n'était donc pas autorisé à jouer. »

Le Barça monte au créneau et réalise un tour de passe-passe administratif. Le club a une astuce, admet Parera, le sourire aux lèvres. « Óscar Santos, délégué de la formation des jeunes, a fait ce qu'il fallait faire, et c'est moi qui lui ai donné le feu vert. Si on n'avait pas fait ça, Messi n'aurait pas pu jouer en Espagne. » Mais qu'a-t-il fait au juste ? C'est simple comme bonjour. Óscar Santos a inscrit Messi sur une feuille d'un match qu'il n'a pas joué. Une pratique courante qui a permis de débloquer la situation. « On a trouvé ce subterfuge, car il fallait qu'on prouve qu'il était bien un joueur du Barça. Son nom était écrit sur une feuille d'un match qu'il n'a jamais joué.

Cette preuve nous a permis de lui faire une licence et de l'intégrer dans nos rangs », confirme un Lacueva content de son coup. « Quelques mois plus tard, tout le monde a commencé à me poser des questions sur le phénomène Leo Messi. Moi, je leur ai simplement répondu : "Mais vous ne vous souvenez pas ? C'est pour ce gamin que vous m'avez pris la tête pendant des mois." » Un gamin auquel Juan Lacueva a toujours cru et qu'il a toujours soutenu. Alors que son avenir était encore incertain, Lacueva, le protecteur, n'a pas hésité à mettre la main à la poche. « Messi suivait toujours un traitement à base d'hormones de croissance, mais au club nous n'avions pas les moyens de le financer, puisque légalement il n'existait aucun contrat pour justifier cette dépense. Je suis allé voir le docteur Josep Borrell, le chef du service médical du Barça. Je lui ai demandé une ordonnance et je suis allé à la pharmacie pour lui acheter quelques doses. Je les ai ensuite données, si mes souvenirs sont bons, au délégué de l'équipe, Carlos Naval. Borrell m'a indiqué que ce traitement pouvait être amélioré. Nous avons donc changé de traitement, qui est passé à deux injections quotidiennes. »

Parera se souvient très bien du va-et-vient de Lacueva dans les pharmacies situées aux abords du Camp Nou. « Il a insisté au sujet de Messi pendant plus de quatre mois, et pendant ce laps de temps, il a même payé de sa poche les hormones de croissance du petit. » Gaggioli ne l'a pas oublié non plus :

« Juan [Lacueva] est l'homme qui nous a le plus aidés. C'est un grand monsieur à qui Leo doit beaucoup. » Ce geste n'a jamais été salué comme il se doit par la famille Messi. Et pendant que Juan achetait le traitement de Leo, Jorge, lui, continuait de mettre la pression sur le club. Un jour, il fait même savoir au Barça que l'Espanyol a des vues sur son fils. « Quelqu'un a dit au président de l'Espanyol de Barcelone, Daniel Sánchez Llibre, que Messi avait un contrat précaire. Mais le président a tout de suite fait machine arrière, car il pensait que l'opération allait être très compliquée », avoue Antón Parera. « Avant le trophée Gamper de 2005, le Barça avait trouvé un accord avec l'Espanyol pour le prêter pendant un an », assure de son côté Horacio Gaggioli. Le journaliste Paco Aguilar, célèbre signature du centenaire *Mundo Deportivo*, confirme les propos de Gaggioli : « À l'été 2005, Leo avait déjà un pied à l'Espanyol. » Selon Aguilar, l'intermédiaire de ce transfert n'est autre qu'Alejandro Echeverría, le beau-frère du président Laporta. Mais l'Espanyol n'était pas le seul club sur le coup. Les deux clubs lombards, le Milan AC et l'Inter, ont également sondé l'entourage de Leo sans jamais faire de proposition concrète. Les Anglais d'Arsenal, spécialistes des transferts des futurs prodiges, sont allés un peu plus loin. Messi aurait tapé, assez tôt, dans l'œil d'Arsène Wenger : « Nous avons mangé avec des hommes d'Arsenal, corrobore Gaggioli. Le club anglais s'est d'abord intéressé à Leo avant Cesc Fàbregas [qui a signé à Arsenal à l'âge de 16 ans]. » Mais Horacio, Jorge et Leo n'ont jamais voulu rejoindre les bords de la Tamise : « Tu imagines Leo en Angleterre ! s'amuse Gaggioli. De toute façon, il n'a jamais manifesté le désir de partir du Barça, bien qu'il ait reçu des propositions alléchantes. » Soldini précise les chiffres exacts de ces propositions : « Arsenal lui a proposé un million de dollars de prime à la signature plus un contrat assez avantageux. Mais Leo a refusé, car il ne s'imaginait pas ailleurs qu'à Barcelone. L'avenir lui a donné raison. »

8

L'explosion

« Mon plan était simple : je voulais proposer Leo au Real de Madrid. » Horacio Gaggioli n'est pas du genre à parler pour ne rien dire. Et lorsqu'il décide de lancer cette bombe, son regard fixe celui de son interlocuteur comme pour mieux insister sur la véracité de ses propos. À une certaine époque, Gaggioli assure qu'il a été un homme très puissant, un homme qui avait beaucoup de poids dans la vie de Messi. Proposer au jeune adolescent, alors âgé de 13 ans, de jouer pour l'éternel rival de Barcelone ne lui aurait pas posé de problème de conscience. Imaginer Leo avec le maillot du Real est tout simplement impossible aujourd'hui. Mais si, à l'époque, Horacio Gaggioli était allé au bout de son idée, l'histoire de Messi et du Barça serait bien différente aujourd'hui, non ? Gaggioli n'en fait-il pas un peu trop ? Beaucoup de témoins s'accordent à dire qu'il a été fondamental lors des premières années de Leo à Barcelone. Mais de là à décider de son futur…

Juan Mateo, ami et partenaire de Gaggioli dans cette aventure, laisse clairement entendre qu'il n'en avait pas le pouvoir. Gaggioli aurait-il pu proposer Leo au Real ? À cette question, Juan Mateo répond d'abord par un rire nerveux avant de déclarer : « Demandez à Fabián Soldini ce qu'il en pense ! Je serais curieux de voir sa réaction. Que les choses soient claires : Horacio Gaggioli enfile un costume un peu grand pour lui. Il n'a jamais été son agent. Alors comment aurait-il pu prendre cette décision ? C'est vraiment incroyable comme au fil du temps la mémoire nous joue des tours, non ? C'est bien la première fois que j'entends que Leo aurait pu signer au Real. La première fois ! Elle est bien bonne, celle-là. » Quel était le rôle exact de Gaggioli, alors ? « Il était en contact permanent avec la famille Messi comme on le lui avait demandé. Il devait résoudre leurs problèmes, les aider dans leur quotidien. »

Une chose est certaine, Gaggioli est, comme la famille Messi, originaire de Rosario. Dans son bureau, au cœur du quartier barcelonais de Sarría, Messi envahit toujours les murs de sa présence. Le temps semble s'être arrêté. Les photos accrochées autour de lui ou posées sur son mobilier datent de l'arrivée de Leo à Barcelone. Elles montrent un Messi adolescent, un Messi frêle et encore innocent. Il n'y a aucune trace du Messi célèbre, puissant et mondialement connu. Depuis quelques années, ils ne se voient plus et ne se parlent plus.

« J'étais un typique numéro 5 argentin, se remémore, non sans nostalgie, cet homme mince à la barbe grisonnante. En février 1974, je suis venu jouer à l'Espanyol de Barcelone, mais en juin j'ai été victime d'un accident très grave en Galice qui a mis fin à ma carrière. » Du jour au lendemain, Gaggioli a tiré un trait sur ses rêves de devenir joueur professionnel et entrepris une carrière d'agent. Au début de l'année 2000 – « février ou mars », prétend-il –, il reçoit un coup de fil en provenance d'Argentine, un coup de fil qui va changer sa vie. C'était Fabián Soldini et Martín Montero, de l'entreprise Marka. « Ils m'ont appelé pour me dire qu'ils avaient sous la main un gamin vraiment différent. » En ce temps-là, Gaggioli, d'ailleurs, pense sérieusement à quitter Barcelone et à repartir de zéro, « mais à cette époque-là, raconte Mateo, Horacio ne travaillait pas encore dans le monde du football, c'est nous qui lui avons mis le pied à l'étrier ». « J'étais sur le point d'accepter un travail à Madrid, se souvient Gaggioli. La famille Messi avait une idée fixe : proposer le petit dans un grand club européen, mais de préférence un club d'une ville où je me trouvais, histoire d'avoir quelques garanties. Madrid, Barcelone et même Milan auraient fait l'affaire », dit-il d'un ton posé sans laisser transparaître le moindre doute quant à la véracité de ses propos. « Si j'étais allé vivre à Madrid, je l'aurais logiquement proposé au Real. C'est peut-être le hasard de la vie, mais dans d'autres circonstances, Leo aurait pu finir au Real Madrid. »

Ça n'a pas été le cas, et sauf tremblement de terre footballistique, ça ne sera jamais le cas. Adolescent, Leo a fait tourner la tête à beaucoup de grands clubs. La Juventus Turin, Arsenal ou l'Espanyol de Barcelone l'ont directement contacté. « Frank Rijkaard ne voulait pas de Messi, il voulait le céder », se rappelle Antón Parera, un des hommes forts du Barça durant les présidences de Josep Lluís Núñez et de Joan Gaspart. Entre 1978 et 2003, Parera a vécu beaucoup de choses au sein du club en tant que directeur général, mais certainement peu de moments aussi décisifs en matière footballistique – et ce, bien qu'il admette n'y connaître pas grand-chose – que cette nuit du 25 août 2005 au Camp Nou. Ce soir-là, le Barça affronte la Juventus de Fabio Capello dans le cadre de la 40e édition du trophée Gamper. Un tournoi qui marque le début de la saison et qui rend hommage au fondateur du club, le Suisse Hans Gamper. Le résultat n'est pas anecdotique, puisque pour la première fois depuis une décennie, après une défaite du Barça après la fatidique séance de tirs au but, le trophée voyagera en Italie.

« Au moment même où le Barça rencontrait la Juve, le club cherchait une porte de sortie pour Messi, se souvient Parera. Rijkaard n'en voulait pas, car il affirmait que son équipe ne pouvait pas jouer avec trois joueurs de petite taille. » L'excuse donnée par le technicien hollandais peut faire sourire. Rijkaard, qui n'en est pas à un paradoxe près, envisageait en effet d'offrir le poste d'ailier droit de son équipe à Ludovic Giuly. Un ailier supersonique venu de Monaco qui, et ça ne s'invente pas, est plus petit que Messi. Le trio Xavi, Iniesta, Messi, qui a, par la suite, fait les grandes heures du Barça, ne séduit pas l'entraîneur hollandais. Il ne croit pas en eux. C'est aussi simple que ça. Son jugement est peut-être altéré par les critiques qui pleuvent sur lui. L'ex-milieu de terrain de l'AC Milan est alors sous pression. Les gardiens de l'ADN footballistique du Barça lui reprochent ses choix tactiques. Ils ne comprennent pas que Rijkaard transforme le mythique numéro 4 blaugrana en un joueur cantonné aux basses besognes d'un travail défensif alors qu'il est et qu'il a toujours été la base de lancement du jeu offensif, le chef d'orchestre du Barça. Malgré ces critiques, le Hollandais va quand même gagner deux Ligas, deux Supercoupes d'Espagne et une Ligue des champions. Au début, pourtant, Rijkaard a comme un problème avec Messi. Il ne comprend pas le joueur, il ne sait pas vraiment comment l'utiliser. Mais comme d'habitude, c'est Leo qui va faire pencher la balance de son côté. Non pas avec sa bouche, mais plutôt avec ses pieds. Son talent sur le terrain finit par mettre tout le monde d'accord.

« Si vous n'en voulez pas, je le prends », annonce alors Capello aux dirigeants de Barcelone. Ces derniers sont encore une fois à côté de leurs baskets. Ils sont embourbés dans de nouvelles luttes internes. Ils n'ont pas vraiment conscience de la pépite d'or qu'ils ont entre les mains. L'entraîneur italien, lui, est tombé sous le charme. Sur la pelouse du Camp Nou, il a eu le coup de foudre. Il est obsédé par le petit Argentin. À son retour en Italie, il déclare : « Ce gamin est un véritable phénomène. Je n'ai jamais vu un joueur de son âge faire ce qu'il nous a fait au trophée Gamper. » Luciano Moggi, le directeur du club (qui, quelques années plus tard, sera suspendu à la suite du scandale de corruption qui vaudra à la Juve d'être reléguée en deuxième division), se met rapidement au travail. Il est prêt à tout pour satisfaire les désirs de son entraîneur, surtout que Massimo Morati, le président de l'Inter, a également remarqué la dernière petite merveille du Barça. Capello exagérait-il ? Absolument pas. Ce soir-là, lors du trophée Gamper, Messi a marqué les esprits. Il a été tout simplement exceptionnel. Son football, mélange d'efficacité et de fantaisie, a émerveillé les 92 000 spectateurs du Camp Nou, les millions de téléspectateurs, mais aussi ses coéquipiers et ses adversaires.

Avec l'insolence et la fougue de ses 18 ans, Leo en a fait voir de toutes les couleurs à ses adversaires. Dès le début du match, comme pour annoncer la couleur, Messi ridiculise Fabio Cannavaro, le légendaire défenseur italien, le capitaine de la Squadra Azzurra vainqueur de la Coupe du monde 2006. En quelques secondes, il lui assène un double petit pont, comme s'il s'amusait dans une cour d'école. Messi est sur son nuage, et personne ne réussit à l'en faire descendre.

Il est au-dessus de la mêlée, au-dessus de tous ces joueurs qui représentent pourtant la crème de la crème du football mondial.

« Il a rendu fou Zambrotta. Capello a même dit à Gaspart à la fin du match que ce gamin deviendrait un jour le meilleur joueur du monde, se souvient Juan Lacueva, ex-directeur exécutif de la formation des jeunes du Barça. Capello ne comprenait pas que certains dirigeants de Barcelone ignorent à ce point le talent de Messi, le talent de ce diamant qui leur appartenait. »

Presque sept ans plus tard, Capello n'a pas oublié la prestation de « la Puce » argentine. Lors d'une interview qu'il a accordée à Filippo Ricci, le correspondant de *La Gazzetta dello Sport* en Espagne, l'entraîneur est toujours sous le choc de cette découverte : « Cette soirée d'été restera gravée dans ma mémoire. Ce gosse m'a tellement impressionné que je l'avais surnommé "le Petit Diable". Le public le connaissait à peine, c'était un jeune issu du centre de formation qui semblait prometteur, mais pas plus que ça. En face il y avait des grands joueurs, des grands champions comme Cannavaro, Thuram ou Vieira. À la fin du match, je suis allé voir Rijkaard, que j'ai entraîné et avec qui je m'entends très bien, et je lui ai dit : "Je sais que pour des raisons administratives tu ne peux pas faire jouer Messi. Pourquoi ne me le prêtes-tu pas ? Je peux t'assurer que je le ferai jouer." Mais froidement, il m'a répondu qu'il était justement sur le point de régler le problème. » À cette époque, Messi n'est qu'un Argentin de plus, un joueur extracommunautaire. Chaque club est autorisé à faire jouer trois footballeurs extracommunautaires. Au Barça, le Brésilien Ronaldinho, le Camerounais Samuel Eto'o et le Mexicain Rafa Márquez, trois joueurs indiscutables, remplissent le quota. Il n'y a pas de place pour un quatrième homme, né en dehors du Vieux Continent. La situation de Messi est très ambiguë puisque quelques semaines auparavant il a connu sa première sélection sous le maillot argentin. Il est argentin, c'est certain, mais ses années de résidence en Espagne pourraient lui permettre d'être un joueur « assimilé ». Il est dans un vide juridique. Pour ne prendre aucun risque, le Barça décide alors de l'éloigner des terrains espagnols. Messi ne débute pas la Liga 2005-2006 et n'apparaît qu'une seule fois sur la feuille de match d'une rencontre de Ligue des champions. Le petit ronge son frein en silence. Mais Rijkaard n'a pas menti à Capello, car le club finit par trouver une solution. Le 26 septembre 2005, Messi jure fidélité au roi d'Espagne. Les problèmes administratifs sont réglés. Leo peut enfin jouer et sa famille interrompre les démarches pour que le fils prodige acquière la nationalité italienne.

Le rêve de Capello de voir Messi porter le maillot rayé noir et blanc de la Juventus prend fin. Il se souviendra toujours de cette soirée magique où il a vu naître le petit diable argentin, mais aussi du jour où il a réussi, à nouveau, à l'émerveiller. « Ce match du trophée Gamper est pour moi le parfait préambule du *clásico* où Leo a inscrit trois buts. » Capello se réfère au 3-3 de 2007 au Camp Nou. C'est à l'occasion de ce match que l'Argentin est devenu, pour de longues années, le cauchemar vivant du Real Madrid et d'Iker Casillas. L'entraîneur italien s'en souvient d'autant mieux qu'il était alors sur le banc du Real. Et pour lui, pas de doute : « Deux ans plus tard, le petit diable était devenu Satan. »

Pour le Real également, Messi est « Satan », un joueur qui leur promet, chaque fois, l'enfer. Et l'un des meilleurs endroits pour mesurer les ravages de « Satan » sur l'orgueil du Real de Madrid se situe à la file 6, siège 25 du stade Bernabéu. Ce siège est situé à côté des « Ultras Sur », ces hooligans d'extrême droite à tendance néonazie. Depuis plusieurs années, Juan Antonio Guerrero est le propriétaire exclusif de cette place. Le 16 avril 2011, le jour où l'Argentin fut l'objet d'une pluie d'insultes, Guerrero, confortablement installé sur son siège, est loin d'être le dernier à lui crier sa haine.

Le match est tendu. Les vingt-deux hommes présents sur le terrain en ont plein les chaussettes lorsqu'ils entament la première des quatre minutes d'arrêts de jeu d'un match qui se terminera sur le score de un but partout. Ce Real-Barça est le premier d'une série de quatre duels fratricides qui ont opposé les Blancs et les Blaugranas entre avril et mai 2011 (en Liga, pour les demi-finales de la Ligue des champions, et pour la finale de la Coupe du Roi). Messi a les crampons plantés sur la ligne de touche, sur le côté droit du terrain. Il attend le ballon. Lorsqu'il arrive vers lui, pour une raison inconnue, il n'arrive pas à le contrôler. Il est furieux et, sans réfléchir, balance, boudeur, le ballon dans les tribunes. Pour les pro-Messi, son geste n'est pas prémédité. Il visait l'un des panneaux publicitaires qui entourent la pelouse. Malheureusement, il a loupé sa cible. Ses détracteurs voient les choses tout à fait autrement et montent rapidement au créneau : « Leo Messi, ce joueur nourri aux hormones de croissance, souffre d'aliénation mentale, agresse et manque de respect au public du Santiago-Bernabéu. Nous considérons que cette action est très grave et qu'elle devrait être sévèrement sanctionnée. D'ailleurs, notre défenseur central Pepe l'a réprimandé pour ce geste. » Ce court texte est publié quelques heures seulement après l'incident sur le site Internet non officiel www.realmadridweb.com. La polémique peut commencer. Guerrero, l'homme de la file 6 et du siège 25, est un témoin clé de cette soirée : « Moi, j'étais assis juste derrière l'homme qui a reçu le ballon ! On me reconnaît sur la photo qui a été publiée par *Marca* ! Ce type m'a en quelque sorte sauvé, car sans lui, c'est moi qui me le serais pris », se rappelle-t-il. De la place de Guerrero, abonné depuis de nombreuses années au club merengue, le panorama est impressionnant. Le Bernabéu est comme la paroi d'une montagne qui s'élève jusque dans le ciel. De cette place, Guerrero peut sentir l'odeur de la pelouse, contempler les subtilités techniques et les gestes de ses héros et entendre les cris des joueurs. Il est en première ligne, au plus près de l'action, de la scène et de ses acteurs. Guerrero est convaincu que, ce soir-là, Messi a bien shooté dans ce ballon avec l'intention de faire mal à un spectateur. « Le ballon était déjà sorti d'un bon mètre, mais Messi a quand même tiré en direction des tribunes. Quand j'ai vu ça, j'ai crié tout ce qui me passait par la tête : "Faiblard, décérébré, canaille, malade mental…" Les gens lui ont jeté les tiges des petits drapeaux qu'on nous avait distribués à l'entrée. Mais personne n'a réussi à l'atteindre », ajoute Guerrero. Ce soir-là, Pepe, le défenseur portugais du Real, qui a toujours aimé chatouiller les chevilles de Messi, est le premier à réagir. Il le réprimande comme un maître réprimanderait l'un de ses élèves. Au-delà d'une curieuse remarque formulée par Guerrero – « Ce monsieur mange grâce à l'argent qu'on lui donne » –, cette action a déchaîné les foules. Les spectateurs sont entrés dans une colère noire et compréhensible. Mais l'origine de cette colère est bien plus profonde qu'un simple ballon balancé dans une tribune. L'Argentin est la synthèse de nombreuses frustrations madrilènes. Messi incarne, tout comme Pep Guardiola, ces douloureuses années durant lesquelles Barcelone a littéralement écrasé son éternel rival. Bien avant le moment d'égarement de l'Argentin, le public du Bernabéu a toujours eu Messi dans son collimateur. Les supporters lui crient depuis plusieurs saisons leur haine : « Sale nain de merde nourri aux hormones », répète inlassablement une grappe de fanatiques. Guardiola n'est pas épargné par ces doux poètes : « Espèce de drogué ! » lui disent-ils. Ou encore : « Yonki ! », une version espagnole de « junkie », qui en anglais ne désigne rien d'autre qu'une personne dépendante aux drogues. Ces insultes ont commencé à être à la mode après une « information » sortie en mars 2011 par une émission de radio de la station Cadena Cope. Une radio qui n'a jamais caché sa sympathie pour le Real. Selon elle, le dopage serait monnaie courante dans l'équipe de Guardiola. Ce programme qui, après minuit, aime attiser la passion des supporters est allé jusqu'à promettre de déposer une « plainte » officielle auprès de la Fédération espagnole de football pour dénoncer la faiblesse des contrôles antidopage et la médiocrité de l'arbitrage. Ces attaques visent spécifiquement Barcelone et Valence, les deux principaux adversaires du Real en Espagne. Le nom d'un obscur médecin nommé Eufemiano Fuentes, personnage central de l'opération « Puerto » qui avait entaché l'image de l'Espagne, est également invoqué. Lorsque cette « information » est sortie, Guardiola a préféré garder le silence et ne pas mettre un peu plus d'huile sur le feu. Même si, indirectement, il a soupçonné Florentino Pérez, le président du Real de Madrid, d'être à l'origine de ces rumeurs : « C'est une question que se posent la Cadena Cope et monsieur Florentino

Pérez, déclare-t-il un jour en conférence de presse. La Cope prétend que ses sources viennent du Real, mais le Real le dément formellement. Lorsqu'ils seront tombés d'accord, peut-être qu'ils nous en diront plus. »

À l'époque de cette polémique qui a fait les choux gras de la presse sportive espagnole pendant de longues semaines, le Real était à la traîne, à quelque cinq points au classement de son ennemi intime. La grave accusation formulée par la Cope n'est jamais allée plus loin. Florentino Pérez a brillé par son silence et n'a jamais organisé de conférence de presse pour officialiser cette plainte. Un an plus tard, en mars 2012, la Cope a trouvé un terrain d'entente avec le club catalan et a déboursé quelque 200 000 euros sans passer par la case tribunal avant d'offrir ses plates excuses au Barça. Une somme bien supérieure aux 15 000 euros versés par *Le Monde*. Le quotidien français a dû indemniser le club catalan pour l'avoir lié au médecin Eufemiano Fuentes, impliqué dans des affaires de dopage. Cette sentence a été d'ailleurs ratifiée par la Cour de cassation espagnole.

9

L'Argentin

Le Buquebus glisse à pleine vitesse sur les eaux sombres du Río de La Plata. Installé à la fenêtre de ce bateau qui relie l'Uruguay à l'Argentine, Lionel Messi a le regard perdu vers l'horizon. Il se sent léger comme une plume. Il est heureux, soulagé et excité à la fois. Son père, Jorge, est assis à côté de lui. Le père et le fils, qui n'ont pas l'habitude de se lancer dans des grandes discussions à bâtons rompus, sont coupés dans leur silence par Hugo Tocalli. L'entraîneur de la sélection argentine des moins de 20 ans a visiblement quelque chose à leur dire avant leur arrivée dans le port de Buenos Aires. « Leo venait de jouer ses deux premiers matchs avec nous, se souvient Tocalli. Nous revenions de Colonia [Uruguay] où nous avions battu l'Uruguay (4-1) en match amical. Messi avait inscrit deux buts. Je me suis donc installé avec eux pour les prévenir que j'allais le sélectionner pour qu'il s'entraîne avec l'équipe nationale des moins de 20 ans pendant tout le mois de décembre 2004. Et ce, pour préparer le championnat sud-américain qualificatif pour la Coupe du monde de la catégorie en 2005. Lorsque je le lui ai annoncé, Leo m'a lancé un grand sourire. Son rêve devenait réalité. » Enfin, pourrait-il ajouter. Les premiers pas de « la Puce » avec le maillot albiceleste sur ses frêles épaules datent de la fin du mois de juin 2004. Une cassette vidéo de ses exploits traînait pourtant depuis plusieurs mois à l'AFA. Les agents de Leo avaient fait parvenir cette cassette d'un adolescent surdoué à Claudio Vivas, l'adjoint de l'obsessionnel et rigoureux Marcelo Bielsa, le sélectionneur argentin. Horacio Gaggioli assure que « Messi était alors dans le radar de la sélection espagnole ». « C'est vrai, confirme Fabián Soldini, Leo avait reçu une convocation pour la sélection espagnole des moins de 16 ans. Il m'a dit : "Je n'irai pas, même pas en rêve." » Il refuse l'invitation, mais la fédération espagnole ne s'avoue pas vaincue pour autant. Pour essayer de l'amadouer, elle envoie un messager. Il s'agit d'Amador Bernabéu, un dirigeant du Barça, qui est également le grand-père de Gerard Piqué, son coéquipier. Mais le petit a la tête dure et refuse à nouveau cette invitation.

Hugo Tocalli, l'un des responsables des sélections de jeunes, regarde cette fameuse vidéo d'abord d'un œil distrait. « Je ne m'étais pas bien rendu compte du phénomène, avoue Hugo. Quelques semaines plus tard, lors de la Coupe du monde des moins de 17 ans en Finlande, nous avons perdu en demi-finale contre l'Espagne (3-2) de Cesc Fàbregas qui nous avait inscrit deux buts. Ce dernier évoluait dans la même équipe que Messi au Barça. À la fin du match, des journalistes espagnols m'ont demandé pourquoi Messi ne jouait pas. Ils ne comprenaient pas. Ils insistaient lourdement, alors je suis allé voir de vieilles connaissances de cette sélection pour en savoir un peu plus. Tous m'ont dit que c'était un phénomène. À mon retour à Buenos Aires, j'ai donc regardé à nouveau la cassette. J'en ai parlé à Julio Grondona, le président de la fédération, qui m'a dit d'organiser au plus vite des matchs amicaux pour éviter que les Espagnols nous le volent. » Hugo Tocalli qui est l'un des plus proches collaborateurs de José Pékerman, le père spirituel de la formation argentine, s'exécute. « Nous avons trouvé son numéro de téléphone, nous l'avons appelé pour le prévenir que nous allions le convoquer, poursuit-il. Je me souviens très bien du jour de son arrivée à Ezeiza [le centre d'entraînement des sélections argentines]. Je l'ai reçu dans mon bureau. Il était timide, il n'ouvrait pas la bouche, mais il me regardait fixement dans les yeux. Je lui ai expliqué que nous avions peur que les Espagnols le sélectionnent. Il m'a arrêté tout de suite pour me dire, sûr de lui : "Je suis argentin. Je veux jouer avec la sélection argentine. C'est mon rêve." Le lendemain, lors du premier entraînement, j'ai compris à qui on avait affaire. Pour l'occasion nous l'avons surclassé. Lui, qui est né en 1987, évoluait avec la génération née en 1985 et c'était lui le meilleur. D'ailleurs, il l'a prouvé lors des deux premiers matchs amicaux, contre le Paraguay [victoire 8-0] et contre l'Uruguay [4-1]. Puis lors du championnat sud-américain 2005 en Colombie [l'Argentine termine troisième et Messi inscrit 5 buts] et surtout lors de la Coupe du monde 2005 des moins de 20 ans. En Hollande et malgré ses deux ans de moins, c'est lui qui nous a fait gagner le titre. Il a été élu meilleur joueur d'un tournoi qu'il a terminé comme meilleur buteur. Il y a eu beaucoup de polémiques en Argentine pour savoir s'il était argentin ou espagnol. Certains pensent qu'il n'aime pas l'Argentine, mais franchement, tout ça c'est des conneries. Il est argentin, il aime le maillot argentin et il ferait tout pour lui. L'Espagne lui a permis de grandir au sens propre comme au sens figuré et de suivre une belle formation de joueur. »

C'est vrai que Leo doit beaucoup à La Masía. Pendant plusieurs saisons, il a, chaque jour, poussé le portail en fer forgé du centre de formation du club. Une porte sur laquelle est gravé l'écusson du FCB (FC Barcelone). Sur sa droite, il pouvait contempler le Camp Nou, ce gigantesque vaisseau spatial posé sur une plaine du quartier des Corts. Un stade qui peut accueillir jusqu'à 99 354 spectateurs très exactement. La Masía fait partie intégrante du décor et de l'histoire du club. En Catalogne, les *masías* sont de petites fermes utilisées autrefois par les agriculteurs qui cultivaient les parcelles de terre aux alentours. Lorsque les propriétaires du club ont acheté ces terres pour y construire leur stade, cette *masía*-là n'a pas été détruite. Elle a d'abord été occupée par les architectes du stade. C'est là, par exemple, qu'a été construite la maquette du Camp Nou. Et lorsqu'elle est inaugurée le 24 septembre 1957, La Masía se transforme pour devenir le siège social du club. En 1979, le président Josep Lluís Núñez décide de lui donner une autre fonction et de s'en servir pour héberger les jeunes joueurs du centre de formation qui ne sont pas originaires de Barcelone. Dans les 610 mètres carrés de cette antique ferme, on trouve un immense salon, une bibliothèque, des bureaux, des chambres pour douze pensionnaires et des vestiaires. C'est un lieu de vie convivial, qui a été remplacé, en 2011, par une autre Masía, ultramoderne et plus spacieuse, située à Sant Joan Despí, dans la banlieue de Barcelone.

Leo y va tous les jours, mais il n'y passe pas ses nuits. « Même si je n'y dormais pas, c'était une seconde maison pour moi, a-t-il déclaré au *Mundo Deportivo*. J'y déjeunais souvent et je m'y entraînais jusqu'à la fin de la journée. » Avant le déjeuner, le matin, Leo est contraint d'aller en classe, au collège Juan-XXIII avec tous ses camarades de promotion. « Il ne travaillait pas beaucoup, a avoué l'un de ses professeurs au journal *El País*. Mais il faisait quand même le minimum. Il n'était pas turbulent du tout, mais, et ça se sentait, il n'était pas né pour faire des études. » Non, Leo est né pour jouer au football. Et à La Masía, il va découvrir une philosophie assez particulière. « À La Masía, on ne forme pas des footballeurs, mais des hommes qui jouent au football, assure Andoni Zubizarreta, ex-gardien de but international espagnol (126 sélections), actuel directeur sportif du Barça. Pour une raison bien simple : on s'est aperçu que lorsqu'on se préoccupait d'abord des personnes, le processus de formation du footballeur était beaucoup plus solide. » « Il ne faut pas oublier que La Masía est avant tout une école, poursuit Joaquim Rifé. Et dans une école on apprend, on ne gagne pas. Chaque entraîneur a la mission de former des joueurs, et non de gagner des matchs. » Les équipes de jeunes du FC Barcelone sont réputées pour développer un jeu léché, fait de passes et de justesse technique. D'ailleurs, ils évoluent dans le même schéma tactique que l'équipe première. « À La Masía, ce qu'on recherche d'abord chez un jeune joueur, c'est son intelligence footballistique, déclare Albert Benaiges, ex-coordinateur du football de base du FCB. Il doit aussi être doté d'une belle technique. La taille, la corpulence physique, on s'en fout. Xavi, Iniesta, Pedro ou Messi sont bien la preuve qu'on n'a jamais recherché des colosses. Notre secret, c'est le travail, le travail, et le travail. À la différence des autres centres de formation, on ne fait pas de préparation physique avant 16 ans. » Guillermo Amor, qui est entré à La Masía en 1979 et a été le premier à s'imposer en équipe première, insiste sur l'aspect technique de cette formation : « On travaillait beaucoup sur les contrôles, les passes, la vitesse dans le jeu, la possession du ballon et l'envie de prendre le jeu à notre compte. » Toutes les équipes du Barça sont donc logées à la même enseigne du jeu. « Comme ça, lorsque tu arrives en équipe première, tu n'es pas perdu, tu sais comment jouer, te placer, c'est assez rassurant », confirme Leo.

Messi est un pur produit de La Masía. Et s'il y a fait ses classes, ça ne fait pas de lui pour autant un joueur espagnol. « Les joueurs s'automatisent à La Masía. Tous, sauf Messi, analyse Ramón Besa, journaliste d'*El País*. À La Masía, normalement, les joueurs évoluent à différents postes pour mieux comprendre le jeu. Tous, sauf lui. Leo connaît la philosophie, mais il joue différemment. Il joue son jeu. » « Au début, j'avais du mal à lâcher le ballon et ils m'ont fait comprendre qu'il fallait que je joue un peu plus avec les autres, confirme Leo dans le magazine argentin *El Gráfico*. Ça n'a pas été facile parce que j'ai la tête dure. J'ai appris beaucoup de choses en Espagne, mais ils n'ont jamais essayé de me transformer. Je n'ai jamais changé ma manière de jouer, celle que j'ai depuis que je suis tout petit. » Joaquim Rifé, qui était sur le bord du terrain numéro 3 du Mini Estadi lors du premier test de Leo, partage ces avis : « Il joue de la même manière que la première fois que je l'ai vu jouer. Il n'a pas changé. Le football, c'est instinctif chez lui. Il est très intelligent sur le terrain. Il a une parfaite lecture du jeu. Comme il connaît le style et la philosophie du Barça sur le bout des pieds, il sait exactement lorsque le bloc adverse commence à craquer et lorsqu'il peut accélérer. » Messi est comme un poisson dans l'eau dans le système du Barça. Mais ce qui le rend différent, c'est tout ce qu'il a appris, malgré lui, en Argentine. Il n'est pas né à Rosario par hasard. « Son talent, soutient Tocalli, ce n'est pas La Masía qui lui a donné. Il est très argentin dans sa manière d'être sur un terrain. Il y a beaucoup de *potrero* en lui. » Le *potrero* fait partie de l'ADN d'un footballeur argentin. C'est un terrain vague sur lequel les enfants développent leur technique, leur *picardía* (malice) et leur instinct de compétition. C'est sur ces terrains de fortune qu'ils ont passé des heures et des heures à taper dans un ballon et à se forger le caractère. En Argentine, c'est une tradition, les plus grands joueurs se réclament être des enfants du *potrero*. « Et Messi a beaucoup de *picardía* dans son jeu, ajoute Tocalli. Il adore disparaître pour mieux réapparaître. Il marche, tête baissée, s'en va sur un côté du terrain, se fait oublier et tout d'un coup, il accélère. » « Si tu le suis des yeux, tu deviens fou, déclare l'ex-défenseur français devenu consultant Jean-Alain Boumsong dans *L'Équipe Magazine*. Il est là, puis il est ailleurs. Je peux être un bon moment sans personne dans ma zone, ça paraît tranquille et, tout à coup, Messi déboule. Tu le croyais de l'autre côté et il te surgit devant le nez. C'est à la fois terrifiant et magnifique. »

Mais la plus grande force de Messi est sans conteste son explosivité, sa rapidité ballon au pied.

« Il a un démarrage exceptionnel, analyse Tocalli. En deux pas, il est déjà lancé à pleine vitesse. Personne ne peut le suivre. En plus, ses mouvements de bassin sont déroutants et sa conduite de balle, exceptionnelle également, est aussi efficace avec son pied droit qu'avec son pied gauche. » « Ce qui coupe les jambes, c'est son fameux coup de gaz dès qu'il reçoit la balle, confirme l'ex-défenseur français du FC Séville Julien Escudé dans *L'Équipe Magazine*. À force de changements d'appuis, d'accélérations, de coups de frein, ton corps est malmené. Après quatre-vingt-dix minutes contre lui, tu sors vanné. » « Et puis, poursuit Bacary Sagna (défenseur français de Manchester City) dans *L'Équipe Magazine*, à chaque appui ou presque, il touche la balle. C'est ce qui lui permet de te déstabiliser : il change de direction quand, toi, tu es encore en train de chercher tes appuis. » S'il y a un joueur qui a été marqué par son duel avec Messi, c'est bien Asier del Horno. Le latéral gauche espagnol a croisé son chemin, en février 2006, par une froide nuit d'hiver londonienne. Il défend alors les couleurs d'un Chelsea, entraîné par José Mourinho. Les « Blues » reçoivent le Barça sur leur pelouse de Stamford Bridge en match aller des huitièmes de finale de la Ligue des champions. Le défenseur, qui se retrouve face à un Messi, plus intenable que jamais, vit un calvaire. « Notre entraîneur avait préparé minutieusement ce match pour bloquer le jeu du Barça, se souvient Asier del

Horno dans *Magic Messi*[1]. Mais ça n'a pas empêché Messi de rapidement nous donner le tournis. Et puis, à la 36e minute, après avoir fait un petit pont sur Robben, près du poteau de corner, j'ai essayé de l'arrêter et il s'est écroulé avant de faire plein de tours sur lui-même. L'arbitre n'a pas hésité et m'a sorti un carton rouge. Messi a vraiment bien joué le coup, il en a rajouté comme il fallait alors que je l'avais à peine touché. Sa grande force, c'est sa conduite de balle : il va très vite avec le ballon au bout du pied. Ses appuis, ses changements de trajectoires prennent souvent les défenseurs par surprise. » Bref, Messi est incontrôlable sur les terrains européens. Il est insaisissable, trop rapide, trop explosif pour les défenseurs adverses. « Quand un joueur fait un pas, une foulée, Messi en fait deux, note Johann Cruyff. Donc, il peut plus rapidement changer de direction et plus facilement déstabiliser ses adversaires. Tout le monde dit : “Mais Messi, il fait toujours la même chose.” Mais en vitesse réelle, il peut faire toujours la même chose, mais son coup de reins, ses appuis, ses petites foulées font qu'il est toujours inarrêtable. » Mais cette redoutable efficacité, il a eu du mal à la retrouver sous le maillot argentin. Et ça, ça a eu le don d'énerver ses compatriotes. Pour certains d'entre eux, le problème, c'est que Leo n'était pas assez argentin ou qu'il ne le montrait pas assez.

---

1. Biographie de Luca Caioli, Éditions du Rocher, 2011.

Ils se trompent lourdement. À Barcelone, cette ville où il vit depuis l'âge de 13 ans, personne ne doute de la couleur de son passeport. Andoni Zubizarreta, le directeur sportif du Barça, a une phrase très imagée pour définir Messi : « C'est un Rosarino qui joue au Camp Nou. » Dans la capitale catalane, Leo s'est, en effet, créé une bulle très argentine. Sa maison, située à Gavà, sur les bords de la Méditerranée n'est pas surnommée « Little Rosario » pour rien. Leo mange argentin, écoute de la cumbia, de la musique populaire argentine, regarde les matchs de championnat argentin et il n'a pas perdu l'accent et les expressions typiques de son pays. « Messi passe beaucoup de temps avec sa famille, annonce Josep Minguella, l'agent qui lui a ouvert les portes du FC Barcelone. Il ne parle pas espagnol, il parle argentin, ou, que dis-je, rosario ! S'il pouvait transporter Rosario à Barcelone, il le ferait, sans hésiter une seconde. » Personne n'en doute. « Il déstabilise ses compatriotes, pense Joaquim Rifé, parce qu'il n'a pas une grande gueule comme eux. Il est discret, introverti, tout le contraire de l'image que les Argentins se font d'eux-mêmes. » L'incompréhension a longtemps été totale entre l'enfant prodige et ce qu'il considère comme sa famille, sa patrie. Álvaro Abós, un célèbre écrivain argentin, a, un jour, pris sa meilleure plume pour défendre Lionel Messi : « Messi, c'est l'Argentin différent, écrit-il dans *Página 12*. Si un Argentin est un Italien qui parle la langue de Cervantès, Messi est un Argentin qui pourrait être anglais ou hollandais. La caricature d'un Argentin est celle d'un mec tout-puissant, malveillant, pleureur, astucieux, tricheur et grande gueule, comme tout personnage de la comédie italienne. Mais Messi, lui, est tout l'opposé, c'est un Argentin tranquille, volontaire, réservé, silencieux et digne, humble et serein. Quelques supporters argentins lui résistent encore. Ils représentent la sauvagerie qui domine le monde du football argentin, un territoire de corruption et de violence. Ces dernières années, plus de trois cents Argentins sont morts après de féroces batailles dans les stades. Et c'est pour tous ces énergumènes-là, qui ravagent le football argentin, que Messi est un *pecho frio* (trouillard). » Pour Leo, l'enfant de Rosario passé par La Masía, adopté par la Catalogne, six fois vainqueur du Ballon d'or et de presque tous les titres dont peut rêver un footballeur, il ne reste qu'une option pour que les siens l'idolâtrent comme ils idolâtrent Maradona : gagner une Coupe du monde.

10

L'élu

Le bus du FC Barcelone a atteint sa vitesse de croisière. Dehors, une nuit sombre d'automne est tombée sur la route. Comme d'habitude, Josep Guardiola est installé au premier rang. Il est assis à côté de son « ange gardien », Manuel Estiarte, un ancien international de water-polo, alors directeur des relations extérieures du club. Le Barça est sur le chemin du retour après un match de championnat. Des joueurs se reposent, d'autres sont dans leur bulle musicale quand le téléphone portable de l'entraîneur vibre. Pep vient de recevoir un message de Leo Messi, installé quelques rangs derrière lui. Les témoins de cette scène ne se souviennent plus des mots exacts de ce SMS, mais tous se rappellent bien la teneur du message : « Bon, je vois bien que je ne suis plus vraiment important pour l'équipe, donc… » Guardiola sursaute. Il est surpris. Messi se réfugie derrière son téléphone portable pour parler. Taper un message et taper dans un ballon sont deux de ses passe-temps favoris. Il lui est plus facile d'envoyer un SMS que de dire les choses à haute voix. Leo a beau être timide, avoir du mal à communiquer, il ne manque pas pour autant d'ambition et de caractère quand il s'agit d'imposer ses choix et son point de vue : « Leo n'est pas un dictateur, mais il sait se faire entendre », assure Ramón Besa. Messi a bien conscience de son niveau, de son importance et de son influence. En ce jour d'automne 2009, il l'a, à nouveau, démontré.

Le problème de Leo a un nom : il s'appelle Zlatan Ibrahimović. L'attaquant suédois, qui a été ardemment désiré par Guardiola, prend trop de place. « La Puce » argentine se sent menacée. L'entraîneur barcelonais, qui, une année auparavant, avait donné son feu vert à Messi pour participer aux jeux Olympiques, commence doucement à le comprendre. Leo n'est pas dans son assiette. Il vient d'enchaîner une série de pâles prestations alors qu'Ibrahimović crève l'écran. Le projet de vie de l'Argentin bat de l'aile. Celui de mener une vie tranquille à Barcelone au sein d'un club dans lequel il n'a pas à lutter pour être un leader incontesté. Depuis l'arrivée d'Ibra, son pouvoir vacille. Il a la désagréable sensation que son statut d'attaquant de référence du club peut être remis en question. Leo se croyait pourtant intouchable après avoir poussé Samuel Eto'o vers la sortie et aimablement phagocyté Bojan. Les nouveaux attaquants qui débarquent au Barça doivent marcher sur des œufs et ne surtout pas froisser ou menacer la star argentine. C'est pour cette raison que lorsque David Villa, meilleur buteur de l'Euro 2008 et Soulier d'argent de la Coupe du monde 2010, arrive au Barça, les dirigeants du club le préviennent : « Écoute, David, si tu veux réussir au Barça, ne rivalise surtout pas avec Messi, lui conseillent-ils. N'essaie pas de dribbler plus que lui ou d'inscrire plus de buts que lui. » Le message est clair. Mais Villa, buteur et compétiteur-né, a du mal à le prendre au pied de la lettre. Au début de son aventure barcelonaise, il ne se pose pas de questions et joue comme s'il était la star de l'équipe. « Il a essayé, c'est vrai, mais après quatre entraînements, il a fini par comprendre », assure un homme influent du club. Il a rapidement pris conscience que Messi est intouchable et que son statut de star du club est indiscutable. Alors, il se plie aux règles et quelques semaines plus tard, David Villa dévoile à Luis Martin, journaliste d'*El País*, toute l'admiration qu'il porte à Leo : « Il est exceptionnel, déclare-t-il. Et comme le répète souvent Guardiola, les mots ne suffisent pas, car il faut le voir pour le croire. Moi, je n'ai jamais vu ça de ma vie : un jour, tu le vois réaliser des choses exceptionnelles à l'entraînement ou en match et tu te dis que c'est vraiment un génie. Mais le lendemain, il te surprend à nouveau et fait quelque chose d'encore plus exceptionnel. Leo est un type très humble. Son succès ne lui est pas monté à la tête [...]. Messi est, en plus, un bon coéquipier, un mec sympa et solidaire.

C'est un plaisir de partager le vestiaire avec lui. » L'ex-attaquant de Valence finit pourtant, entre deux éloges, par avouer que jouer avec Messi n'est pas toujours facile. « C'est un joueur très exigeant, il faut être vraiment concentré et attentif lorsqu'on évolue à ses côtés, car tout est possible avec lui. Il faut le suivre, car il est capable de sortir une passe de nulle part et, après une accélération, de créer des espaces dans la défense adverse. Et il faut être là, toujours là à ses côtés. Il inscrit beaucoup de buts, mais son rôle sur le terrain ne se limite pas à ça : il redescend pour donner un coup de main en défense ou pour la remontée du ballon, il est généreux dans l'effort et dans le jeu, et il délivre un nombre élevé de passes décisives. C'est merveilleux de jouer avec lui et à son contact, j'ai vraiment l'impression d'avoir appris beaucoup de choses. Plus tard, je pourrai dire : "Oui, j'ai joué avec Leo Messi." »

Ibrahimović pourrait également le dire, mais il ne le fera jamais. Le géant, talentueux et puissant attaquant suédois ne s'est pas vraiment senti aimé en Catalogne. Peut-être parce que l'un des transferts les plus élevés de l'histoire du club (69 millions d'euros) a un ego et un talent proportionnels à son prix. Il était venu pour triompher, mais le courant n'est jamais vraiment passé. Il est vite devenu un corps étranger dans le vestiaire du Barça. Comble du comble, le Suédois avait demandé le même salaire que Messi et exigé de jouer au centre de l'attaque. « Tu n'as pas de burnes ! Tu t'écrases devant Mourinho », aurait-il lancé à son entraîneur quelques jours après la cruelle défaite face à l'Inter en demi-finale de la Ligue des champions. C'est ce que le géant suédois assure dans son autobiographie[1]. Ibra aurait sermonné Pep lors d'un match face au Villarreal au mois de mai 2010. Un match durant lequel il est resté cantonné sur le banc du remplaçant avant d'en sortir quelques minutes seulement avant le coup de sifflet final. Dans son livre, Ibrahimović avoue également que les choix tactiques de Pep Guardiola ont précipité son départ du club. L'entraîneur espagnol avait en effet décidé de confier le poste d'attaquant axial à Leo, au nez et à la barbichette d'Ibra : « Il a toujours voulu faire plaisir à Messi, alors que moi, il ne m'a jamais valorisé. »

Guardiola n'a donc pas accordé toute sa confiance à un joueur qui a reconnu, un jour, avoir roulé à plus de 300 km/h pour semer la police. Pep n'a pas toujours été tendre et attentionné avec les stars étrangères selon Ibra : « Un jour, Thierry Henry s'approche de moi et me dit :

— Salut, Zlatan, le Mister t'a-t-il jeté un regard aujourd'hui ?

— Non, lui ai-je répondu. Mais j'ai vu son dos.

— Félicitations, Zlatan, tu progresses. »

Ibra, décidément très remonté contre Barcelone, son entraîneur et ses joueurs, affirme enfin que :

1. *Jag Är Zaltan Ibrahimović*, Bonniers, 2011 ; trad. en français : *Moi, Zlatan Ibrahimović*, JC Lattès, 2013.

« Messi, Iniesta et Xavi sont des bons petits élèves qui obéissent à tout sans jamais broncher. » Peut-être qu'il dit vrai, peut-être pas, mais sur le terrain, ces trois footballeurs, ces trois finalistes du Ballon d'or 2010, ont prouvé qu'ils étaient un peu plus que des moutons qui suivent aveuglément leur berger. Ils ont tout gagné avec classe et élégance.

Ibra a la rancune tenace. Il n'a pas vraiment digéré son séjour barcelonais. Leo est la raison de ses tourments. Mais Xavi n'est pas de son avis, car il pense que Messi n'a jamais rencontré de problèmes avec les différents numéros « 9 » qui sont passés au club. Pour lui, la raison de cet échec et de cette incompréhension est ailleurs. « Ibra ne cadrait pas avec notre jeu, a-t-il affirmé au *Süddeutsche Zeitung*. C'est un immense footballeur doté d'un talent exceptionnel, mais il était peut-être un peu trop statique pour notre jeu. » Ibra a donné plus de fil à retordre à Pep Guardiola que Samuel Eto'o. L'attaquant camerounais a su faire le dos rond. Il n'a pas bronché lorsque l'entraîneur catalan a décidé de le placer dans un couloir lors de l'historique victoire, six buts à deux contre le Real (le 2 mai 2009 au Bernabéu), ou lors de la finale de la Ligue des champions à Rome quelques semaines plus tard. Même si ça ne l'enchantait pas plus que ça, Eto'o avait respecté les choix de son entraîneur. Mais un jour, pourtant, contre le Betis Séville, le Camerounais n'a pas obtempéré. Il a « dézoné » et ne s'est pas cantonné à rester dans son couloir. Et lorsque, placé au centre de l'attaque, il finit par inscrire un but, il vient le célébrer devant son entraîneur. Une réaction d'orgueil qui n'a pas vraiment plu à Guardiola. Quelques semaines plus tard, le Camerounais était transféré à l'Inter Milan.

L'historique victoire du Barça, six buts à deux, sur la pelouse du stade Bernabeú a eu lieu un 2 mai. Une date symbolique, puisque deux cent deux ans auparavant, les Madrilènes se sont soulevés un 2 mai contre Joseph Bonaparte, alias « Pepe Botella » (« Jojo la Bouteille »), frère de Napoléon Bonaparte. Si, en 1808, Madrid s'est libéré du joug français, en 2010, le club, qui incarne la grandeur sportive de la capitale espagnole, a subi les foudres d'une armée de joueurs catalans qui règnent sans partage sur le championnat espagnol.

Lors de cette inoubliable humiliation, Guardiola a tenté un coup de poker. Pour la première fois, il a positionné Messi en « faux numéro 9 ». Il a pris le Real de Juande Ramos par surprise qui s'attendait à tout de la part de « la Puce » argentine, sauf à le voir évoluer en « faux attaquant ». Juste après le match, Juande Ramos, sonné, a tenté d'expliquer l'inexplicable : « Non, ça n'a pas été une douche froide », a-t-il bredouillé. Et pourtant, les deux buts de Messi, les deux autres d'Henry, celui de Puyol, et le dernier, inscrit par un Piqué plus fantasque que jamais, ont bien douché les espoirs de victoire du Real. Le choix de Guardiola, de donner un peu plus de liberté à Leo sur le front de l'attaque, a marqué les esprits et l'histoire de son équipe. Au départ, pourtant, cette solution n'est utilisée que de temps en temps pour surprendre l'adversaire. Pep a mis un peu de temps avant de l'installer définitivement à ce poste. Il était tiraillé entre ce que lui dictait son instinct et ce que lui suggérait sa raison. Positionner Messi dans cette zone est une évidence pour lui, car à ce nouveau poste, Leo touche plus de ballons et n'est plus « exilé » sur son aile droite. Le repositionner oblige Pep, dans le même temps, à se passer du 1,95 mètre d'Ibrahimović dans la zone de vérité. Cruel dilemme.

Dans ce contexte, le SMS envoyé par Messi à son entraîneur, au début de la saison 2009-2010, est une petite alerte qu'il ne faut pas prendre à la légère. Mais les choses sont rapidement rentrées dans l'ordre. La faute à un Ibra qui s'est tiré une balle dans le pied en devenant le rebelle du vestiaire, selon plusieurs membres du club. « Moi, je suis un avant-centre et c'est comme ça et pas autrement que je veux jouer », a-t-il déclaré un jour à son entraîneur. Les deux hommes ne sont plus sur la même longueur d'onde. Et la saison suivante, Ibrahimović est prié de faire ses bagages et de se trouver un nouveau club. Une fois encore, Messi triomphe en silence.

« La réussite d'un entraîneur dépend de sa capacité à gérer l'ego de ses joueurs », a un jour théorisé Guardiola. Il aurait pu ajouter que cette réussite dépend également de la capacité de l'entraîneur à gérer son propre ego. Aujourd'hui, de nombreux entraîneurs ont autant d'ego, voire plus, que leurs propres joueurs. Mais ce n'est pas le cas de Guardiola. L'ex-numéro « 4 » du Barça a toujours su soigner ses sorties médiatiques et se montrer sous son jour le plus modeste. Il n'a jamais voulu se mettre en avant et passer avant ses propres joueurs. Et si Pep est devenu aussi médiatique, il ne peut pas être accusé de l'avoir cherché. Mais Guardiola n'aurait pas gagné autant de trophées et fait l'unanimité autour de lui s'il n'avait pas su gérer le cas Messi. L'Argentin est la star de son équipe, le joueur « différent », le fer de lance de son attaque. Ce fin psychologue a rapidement compris comment mettre Leo dans les meilleures dispositions. En un rien de temps, il a gagné le respect et l'attention du meilleur joueur de la planète.

Messi vit et respire football. Il aime jouer, mais aussi parler de jeu. Alors, de temps en temps, il en discute pendant de longues heures avec Xavi et Guardiola. Pep est un entraîneur didactique qui aime expliquer à ses joueurs les raisons de ses choix. « La clé de tout, explique Xavi au journaliste Javier Cáceres, du *Süddeutsche Zeitung*, c'est de savoir quand certains joueurs vont créer des situations de supériorité numérique et libérer ainsi des espaces à d'autres joueurs. Et à ce petit jeu-là, Pep est imbattable. Avant chaque match, il nous dit quand, où et comment on va créer ces espaces. Il ne se trompe jamais. » Cette interview a été réalisée quelques mois après la victoire de

Barcelone en finale de la Ligue des champions 2011 (victoire 3-1 face à Manchester United). Xavi considère ce match et celui de novembre 2010 contre le Real (victoire 5-0) comme les deux meilleurs matchs de son équipe. « C'était exceptionnel ! Manchester n'a jamais été dangereux. On a dominé toute la rencontre, à part peut-être les vingt dernières minutes pendant lesquelles les Anglais se sont créé quelques occasions de but. Mais ils avaient déjà baissé les bras. Ils n'y croyaient plus. On pouvait le voir sur leur visage. Même Wayne Rooney s'est approché de moi pour me dire : "On ne peut absolument rien faire, rien." On a vraiment pris notre pied ce soir-là ! » Xavi est le genre de joueur qui sait déjà ce qu'il va faire du ballon avant même de l'avoir reçu. Il sent le jeu et sait, en permanence, où sont placés ses partenaires et ses adversaires. Sur le terrain, il a toujours l'œil qui traîne et ne perd jamais Messi de vue : « Quand je prends conscience que Leo n'a pas touché de ballon depuis cinq minutes, je le cherche du regard. Et lorsque je le trouve, je lui dis : "Viens Leo, viens par ici" pour qu'il s'approche de moi et pour lui donner le ballon. Messi est un attaquant et comme tous les attaquants, il lui arrive de se déconnecter du jeu. Ça l'agace, car il veut toujours être en contact avec la balle. C'est pour cette raison que lorsqu'il redescend un peu au milieu de terrain, il retrouve le sourire. Car il peut toucher le ballon, une fois, deux fois, trois fois avant de se retourner et lancer une attaque dont il a le secret.

Ce type est hallucinant. Je n'ai jamais vu un joueur aussi talentueux. Mais je ne le compare pas à Pelé, Maradona, Di Stéfano ou Cruyff, parce que je ne les ai jamais vus jouer dix matchs d'affilée. Mais pour moi, aujourd'hui, Messi est le meilleur joueur du monde à chaque match. À chaque match ! » insiste-t-il. Et Xavi sait de quoi il parle, car c'est un grand connaisseur de ballon, qui a des opinions bien marquées sur le jeu. Un jour, il a par exemple déclaré au journal espagnol *El Mundo* : « Ce qui me dépasse aujourd'hui, c'est que lorsqu'un joueur, qui a été en dessous de tout pendant un match, inscrit le but de la victoire, c'est lui qui est en première page. Et ça, ça me révolte. » Xavi est peut-être révolté parce que dans ce contexte-là, ses qualités, sa vitesse mentale ne sont jamais reconnues à leur juste valeur. « Je n'ai pas un physique privilégié, c'est pourquoi je dois réfléchir vite, explique-t-il au *Süddeutsche Zeitung*. Dans le football, il y a "deux manières" d'être rapide. La première, c'est la vitesse physique comme celle de Messi ou de Cristiano, qui font tout à 200 km/h. La seconde, c'est la vitesse mentale. Moi, dans ce domaine-là, j'essaie toujours d'aller plus vite que les autres. Aller vite mentalement sur un terrain, c'est de constamment savoir où se placer et quoi faire du ballon avant même de le recevoir. Et ça, au Barça, on l'apprend depuis notre plus jeune âge. Avec Pep, toutes les séances d'entraînement débutent par un "taureau". C'est un exercice dans lequel les joueurs sont en cercle et se passent le ballon. Au milieu, un taureau essaie de récupérer le ballon. Celui qui le perd prend sa place et devient à son tour le taureau. Cet exercice permet de travailler la vitesse mentale, car tu n'as pas le temps de réfléchir. Tu dois prendre très rapidement une décision. Pep termine également chacune de ses séances par un jeu de positionnement dans lequel tu n'as droit qu'à une touche de balle. Le niveau est exceptionnel, à tel point qu'il m'arrive de dire à Pep : "Tu devrais filmer notre entraînement. Le niveau est bien plus élevé que dans n'importe lequel de nos matchs." »

Xavi est un joueur à part. Il est le cerveau du Barça, mais aussi de la sélection espagnole, vainqueur de l'Euro 2008 et de la Coupe du monde 2010. Pour beaucoup de spécialistes et de supporters, il aurait déjà mérité de remporter un Ballon d'or. Pour Xavi, le football est une science qu'il faut prendre très au sérieux. « Le problème, c'est que 95 % des gens aiment le football, mais seulement 2 % comprennent vraiment de quoi il en retourne. L'un de mes meilleurs amis est un fanatique, un fou de foot. Il regarde tous les matchs et connaît tous les joueurs. Mais il ne comprend pas les subtilités du jeu. Lorsqu'on regarde un match ensemble, j'ai beau lui répéter : "Regarde, celui-là, il fait des fautes idiotes. Regarde celui-là, il n'est pas bien placé. Regarde celui-là, il ne fait pas d'efforts", il ne comprend rien. Car comme tout le monde, il ne s'intéresse qu'aux résultats. Quand le Barça ne gagnait rien, on était violemment critiqués. Mais maintenant, on est un exemple, une référence mondiale. C'est à mourir de rire... Il y a cinq ans, on jouait exactement de la même façon qu'aujourd'hui. Et je le dis sérieusement : on jouait exactement de la même façon ! »

Et pourtant, le Barça de Rijkaard n'a pas grand-chose à voir avec celui de Guardiola. En décembre 2011, José Sámano, chef de la section sport du journal *El País*, a essayé de décrypter le jeu de l'équipe de Pep, quelques jours seulement après l'écrasante victoire du Barça, en finale du Mondial des clubs, face à Santos (4-0) : « Le Barça est le dernier des révolutionnaires. Depuis le football total de l'Ajax jusqu'à ce Barça sans attaquants, avec trois défenseurs, et une horde de milieux de terrain taillés comme des jockeys, le jeu n'est pas mort. N'en déplaise aux puristes, convaincus, par l'idée antédiluvienne, que le football est un sport d'hommes. Face à ce football de machos, qui se joue avec deux ou trois milieux défensifs, deux tours en béton armé en défense, des latéraux qui s'épuisent à faire la navette et des avant-centres à plusieurs étages, Pep Guardiola s'obstine à voir le jeu différemment. À voir son jeu, basé sur un milieu de terrain omnipotent, on pourrait même croire que l'entraîneur a importé du football en salle sur un grand terrain. Le Barça avance groupé comme sur un échiquier sauf qu'il n'utilise que les cases blanches. Il pratique un jeu court en regardant toujours loin devant ou loin derrière. Cette équipe attaque et défend depuis le milieu de terrain. » Ariel Scher, du journal argentin *Clarín*, prétend, quant à lui, que ce Barça-là est « un résumé de ce qui se faisait de mieux hier, et de ce qui se fait de mieux aujourd'hui ».

Messi a aujourd'hui beaucoup de respect pour Guardiola, même si pendant longtemps il l'a soigneusement évité. Les deux hommes ont appris à se connaître. Lorsqu'il est question de ballon rond et de match, le petit a un caractère bien trempé. Pep s'est rapidement rendu compte que Leo pouvait devenir bougon lorsqu'il était remplacé en cours de match, voire boudeur lorsqu'il n'était pas convié à une rencontre. « Moi, je veux toujours jouer, alors mets-moi sur le terrain », lui a-t-il déclaré à plusieurs reprises au début de leur relation. Leo n'a pas compris que lorsque Pep ne le convoque pas pour un match, c'est pour le laisser se reposer. « Tu dois apprendre à doser tes efforts, Leo », lance un jour Guardiola à son poulain. La réponse de Messi est toujours la même. Il n'en démord pas : « Moi, je vis pour jouer au foot et vous ne me laissez pas jouer. »

Messi ne s'exprime pas souvent. « Il ne parlait d'ailleurs pas dans la cour de récréation, assure Ramón Besa. Et il est muet sur le terrain, mais tout le monde a toujours voulu jouer dans son équipe. » Leo n'a pas l'habitude de verbaliser ses angoisses. Alors, lorsque quelque chose ne tourne pas rond, Leo communique à sa manière : « Un beau jour, Lionel est entré sur le terrain avec une cuillère en plastique dans la bouche, affirme Besa. Il ne l'a pas lâchée jusqu'à la fin de la séance. C'était une manière de montrer qu'il était contrarié. Pour quelle raison ? Personne ne le savait et personne n'a jamais cherché à le savoir. Il peut se passer plusieurs jours avant de connaître le fin mot de l'histoire, et souvent, la raison est communiquée par l'intermédiaire d'un coéquipier. » Mais Messi peut se montrer encore plus caractériel. Un jour, Guardiola a même été obligé d'aller chercher Leo chez lui. Le petit Argentin boudait parce que Pep lui avait fait débuter un match sur le banc des remplaçants. Le jour suivant, fou de rage, il n'est pas allé s'entraîner. Guardiola a donc rapidement compris que Leo devait jouer 98 % des matchs. Il s'en est expliqué : « Même quand il n'est pas au meilleur de sa forme, Leo est capable de gagner un match à lui tout seul. Nous devons faire en sorte qu'il soit presque tout le temps sur le terrain. C'est ce que j'essaie de faire. Rien n'aurait été possible sans lui et rien ne sera possible sans lui. Il est tout simplement indiscutable. »

Les enfants, même ceux qui ne veulent jamais s'arrêter de jouer, finissent un jour par grandir. C'est inexorable. Même pour Messi. Il est donc aujourd'hui plus à l'écoute de son corps et accepte, de temps en temps, de laisser ses crampons dans son placard. Au début du mois de mars 2012, après avoir inscrit, pour la première fois de sa carrière, trois buts en sélection, il a suivi les sages conseils de son entraîneur. Il a pris quatre jours de repos bien mérités pour se vider la tête et refaire le plein d'essence. Guardiola lui avait demandé d'aller prendre l'air, loin de Barcelone, mais « la Puce » n'a pas pu s'en empêcher. Le soir même, il était confortablement installé dans les tribunes du Camp Nou pour supporter ses coéquipiers. Quelques jours plus tard, le 7 mars 2012, de retour sur la pelouse du même stade, Messi émerveille la planète football : il inscrit cinq buts lors de la facile victoire du Barça face au Bayer Leverkusen (7-1) en huitième de finale retour de la Ligue des champions. Ses cinq buts lui permettent de se rapprocher un peu plus du record de César Rodríguez. Et devenir, à 24 ans, le *goleador* historique du FC Barcelone. Un honneur qui ne peut lui échapper vu la quantité de ballons qu'il catapulte au fond des filets. Leo en est alors à 231 buts sous le maillot blaugrana. Il n'est qu'à quatre longueurs de César Rodríguez. Mais les médias espagnols veulent en avoir le cœur net. Le 20 mars, après avoir refait ses comptes et révisé ses fabuleuses archives qui remontent jusqu'en 1881, *La Vanguardia* révèle l'impensable : César a, en fait, inscrit 232 buts. Leo n'est donc qu'à deux buts du record absolu. La nouvelle tombe à pic, car le soir même, le Barça reçoit Grenade, l'un des petits poucets du championnat. Messi ne tremble pas. À 22 h 25 précises, il inscrit, à 24 ans (contre 34 pour César), son deuxième but de la soirée et le 233e but de sa carrière barcelonaise. C'est une copie conforme du premier qu'il avait inscrit le 1er mai 2005 : une louche qui laisse pantois le gardien adverse. L'histoire retiendra que ce soir-là, la pluie tombait à grosses gouttes sur Barcelone et que Messi est sorti du terrain avec le ballon du match sous le bras. Tous les joueurs de Grenade, sans exception, l'ont félicité. Le lendemain de cette mémorable soirée, le débat sur l'agrandissement du Camp Nou a de nouveau fait couler beaucoup de salive. Le projet, qui est toujours dans les cartons, est ambitieux. S'il voyait le jour, le Camp Nou deviendrait un Colisée pouvant accueillir jusqu'à 110 000 spectateurs. L'histoire se répète, car le dernier déménagement des Barcelonais a eu lieu à l'époque d'une autre de ses stars : László Kubala.

Quoi qu'il en soit, son record, qui n'est pas près d'être battu, lui collera toujours à la peau. Leo est dans la lignée de ces joueurs qui sont longtemps restés fidèles au même club. Comme l'Allemand Gerd Müller (525 buts avec le Bayern Munich), le Brésilien Pelé (524 buts sous le maillot de Santos), l'Espagnol Raùl (323 buts avec le Real Madrid) ou l'Italien Giuseppe Meazza (288 buts avec l'Inter Milan).

L'histoire retiendra, qu'à cette époque-là, neuf ans avant son départ de chez les Blaugrana, 80 % des buts de Leo ont été marqués avec son pied gauche et que sur ses 234 buts, 114 ont été inscrits en première intention (sans contrôle) et 53 après seulement deux touches de balle. À vingt reprises, il a utilisé la louche comme arme fatale pour lober le gardien adverse, à douze, il l'a dribblé et à dix, c'est avec sa tête qu'il l'a trompé. Pas mal pour un joueur qui ne mesure que 1,69 mètre. Une autre fois, c'est avec la main qu'il s'est aidé et une autre encore, en finale de la Coupe du monde des clubs contre Estudiantes, c'est avec la poitrine qu'il a marqué.

À quelques jours du printemps 2012, Leo a donc une nouvelle fois marqué les esprits. Ses cinq buts en un match en huitième de finale de la Ligue des champions lui ont même valu les éloges de Cristiano Ronaldo et de José Mourinho. Le 13 mars est donc une journée à marquer d'une pierre blanche, car ce n'est pas tous les jours que les deux Portugais félicitent sincèrement leur empêcheur de tourner en rond. Ils sont tous les deux installés dans une des salles du centre d'entraînement de Valdebebas, situé sur la route de l'aéroport, dans la périphérie de la capitale espagnole. De l'intérieur de cette salle, il est bien difficile de s'imaginer que le soleil brille, car, comme d'habitude, les rideaux sont fermés. Mourinho l'exige, car il ne veut pas que les journalistes puissent observer le contenu de ses séances d'entraînement. Dès la troisième question, Paul Logothetis de l'agence AP (Associated Press) s'empare du micro et prononce un nom, Messi, qui a normalement le don de mettre Mourinho dans tous ses états. « J'imagine que vous avez vu les cinq buts inscrits par Messi la semaine dernière. Qu'en avez-vous pensé ? » lui demande-t-il. Les journalistes locaux retiennent leur souffle, car ils s'imaginent que « Mou » va remettre à sa place cet impertinent. Mais, une fois n'est pas coutume, le Portugais n'est pas d'humeur polémique et répond sans faire de vagues : « Mettre cinq buts n'est jamais facile, ni en championnat ni en Coupe, et encore moins en Ligue des champions. Il a vraiment dû passer une excellente soirée. » Pour la première fois depuis un an et demi, Cristiano Ronaldo a daigné se présenter en conférence de presse. Il écoute religieusement les propos de son entraîneur. Jusqu'à ce qu'un autre Anglo-Saxon, Iain Rogers, de l'agence Reuters, lui pose la question qui brûle les lèvres des nombreux journalistes présents. À l'image de son entraîneur, l'attaquant portugais a préféré oublier, le temps d'une réponse, son duel à distance avec son ennemi argentin : « Je suis sincèrement content pour lui et pour le football. J'espère que moi aussi, je serai capable un jour d'inscrire cinq buts dans un match. »

11

Fin de cycle

« Tu sais, Ferrán, la grande différence, c'est la motivation. Dans cette équipe, certains ont gagné deux Euros, une Coupe du monde et je ne sais plus combien de Ligue des champions. »

Avril 2013. Le ciel est bleu. Le printemps s'est confortablement installé à New York. Et, même s'il s'est exilé, pour souffler, de l'autre côté de l'Atlantique, Pep Guardiola n'en garde pas moins un œil avisé sur le football européen et sur son Barça. Cette fois-ci, c'est avec le célèbre chef catalan Ferrán Adriá qu'il devise. Et c'est tout naturellement que la discussion arrive rapidement au naufrage des Barcelonais face au Bayern Munich en demi-finale de la Ligue des champions. À l'aller, les coéquipiers de Messi ont pris trois buts, chez eux, sur leur pelouse du Camp Nou. Au retour, à l'Allianz Arena de Munich, ils sont à nouveau corrigés sur le score sans appel de 4-0. Un cauchemar. En Catalogne, les supporters et les médias sont sous le choc. Et rapidement une question se pose : est-ce la fin d'un cycle ? Le débat fait rage. Mais après quelques jours, où les mots ont dépassé la pensée de certains, où la passion était trop présente, la raison a fini par regagner une majorité de Catalans. Pour que le cycle se termine, il faudrait que cette équipe, que ce groupe renonce à une idée, à une philosophie de jeu, pense-t-il. Et c'est vrai que ce n'est, a priori, pas le cas.

Sous l'ère Vilanova, l'ex- « numéro 2 » de Guardiola jusqu'en 2012, le style est, en effet, resté fidèle à l'école barcelonaise. La grande différence par rapport aux années Pep, dorées et exténuantes, c'est que lors de cette saison 2012-2013, le Barça a sombré face à des rivaux plus forts que lui, tout simplement. Une correction en demi-finale de la Ligue des champions. Une élimination peu glorieuse contre le Real Madrid de José Mourinho en demi-finale de la Coupe du Roi. Et lors de ces deux rencontres, un même constat : l'équipe n'a pas eu de répondant et n'a pas su mettre son jeu en place. Les joueurs étaient comme ankylosés. Lors de cette saison, décidément étrange, les Barcelonais ont célébré leur seul titre, la Liga, sur le canapé de leur salon. Puisque c'est devant leur télévision qu'ils ont été sacrés champions d'Espagne après le match nul entre l'Espanyol et le Real Madrid (1-1). Un résultat qui leur permet alors de remporter leur quatrième Liga en cinq saisons. Pas mal pour une équipe moribonde…

Le lendemain, c'est à… Madrid, qu'ils étrennent

ce nouveau titre, car ils ont rendez-vous au stade Vicente-Calderón pour affronter l'Atlético en championnat. Loin de chez eux, loin du cœur puisque sitôt le titre de champion officialisé, ils étaient à peine plus de 1 000 supporters à se rendre à la fontaine de Canaletas. Le lieu où tous les titres « *culés* » sont célébrés. Quelques jours plus tard, ce titre étrange et beau à la fois a finalement été fêté par plusieurs milliers de personnes dans les rues de Barcelone. Une joie sincère, mais mesurée. Les deux géants du football espagnol sont, en effet, désormais victimes d'un « syndrome d'autodestruction », selon David Gistau, un éditorialiste reconnu du quotidien *El Mundo* : « Maintenant, la seule chose qui compte, c'est de gagner la Ligue des champions. Tout autre résultat sera considéré comme un échec, parce que ces équipes riches et prestigieuses ne peuvent pas se contenter d'autre chose que la victoire finale. Et dans ce contexte, la Liga, dans la perception des supporters de ces grands clubs, est considérée comme un ennuyeux chemin de traverse ou plutôt une route secondaire, qui doit être empruntée, mais qui ne revêt pas de grand intérêt sauf lors des *superclásicos*. » Santiago Segurola, une plume incontournable à l'heure d'analyser le sport espagnol, abonde dans le même sens que Gistau : « Il n'y a qu'à regarder les prestations de deux géants espagnols pour s'apercevoir qu'ils ont deux visages, bien différents. Un en Espagne. Un autre en Europe. Ils ne roulent pas à la même vitesse sur ces deux routes. Mais en même temps, pourquoi devraient-ils accélérer la cadence, changer de braquet, alors qu'ils gagnent, dans les grandes largeurs, et sans forcer en Espagne ? C'est étrange, mais les deux clubs qui bénéficient le plus d'un système intolérable et inégalitaire commencent à se demander si ce déséquilibre qu'ils ont provoqué, en Espagne, n'est pas en train de leur jouer de mauvais tours. » En 2012 comme en 2013, ils ont été éliminés en demi-finale alors que les spécialistes leur promettaient un mois de mai radieux. Pas de finale Barça-Real. Pas de *superclásico*. Les deux clubs ont, chaque fois, été battus par plus forts qu'eux. Chaque fois, la pilule a été dure à avaler. Et ces échecs ne s'expliquent pas de la même manière.

Le Real, par exemple, obsédé par l'obtention d'une dixième Ligue des champions, une *décima*, a préféré lever le pied en Liga après le départ fulgurant du Barça de Vilanova. Les Merengues ont alors tout misé sur l'Europe. Il faut dire que trois mois après le début du championnat, le Barça avait déjà treize points d'avance sur le Real, qui était également devancé par l'Atlético Madrid. C'est comme si les joueurs « *culés* » avaient reçu une injection de motivation extra : nous existons sans Guardiola ; sans lui, on peut bien jouer et même mieux qu'avant. Et c'est vrai que le Barça de Vilanova n'était pas exactement le même que celui de Guardiola. L'équipe était plus verticale, plus vertigineuse. Elle encaissait plus de buts qu'avant, c'est vrai, mais si elle en prenait deux, elle en mettait trois ; si elle en encaissait trois, elle en inscrivait quatre.

Invincibles, efficaces, les Barcelonais vont maintenir cette confortable avance sur le Real et vont même l'accentuer après avoir pris connaissance, en janvier 2013, d'une nouvelle qui a ébranlé le club et les joueurs : Vilanova a fait une rechute et il doit s'éloigner des terrains. Il part alors s'installer à New York pour soigner un cancer et suivre des séances de chimiothérapie et de radiothérapie.

C'est donc par un curieux hasard que le passé et le présent du Barça se retrouvent à New York. Guardiola a déménagé dans la Grosse Pomme pour se prendre une année sabbatique, loin de la Catalogne et des médias espagnols. Mais aussi pour rencontrer d'autres gens, marcher incognito dans les rues et respirer une autre culture. On l'avait alors aperçu à la Ryder Cup de golf, à l'US Open de tennis ou encore au Madison Square Garden pour des matchs de NBA. Il coulait de paisibles jours aux États-Unis. Il accompagnait ses enfants au collège, se baladait pendant des heures avec sa femme à Central Park et ailleurs jusqu'à ce que Vilanova débarque à quelques blocks de chez lui.

Même si Vilanova était affaibli par la maladie, rongé par un cancer, cette arrivée avait posé problème parce que Guardiola avait coupé les ponts avec son ex-ami intime. Une information d'abord donnée par les pro et les anti-Guardiola puis confirmée par les protagonistes eux-mêmes. Guardiola a croisé le chemin de

Vilanova une seule fois à New York, mais pas pendant les sept semaines pendant lesquelles Tito suivait un lourd traitement au Memorial Sloan Kettering Cancer Center. Il ne lui a même pas téléphoné, alors que quelques mois auparavant, il avait appelé en plein match contre Valence, alors que Tito séjournait déjà à New York pour suivre un premier traitement. Ce jour-là, Pep avait fait appel à l'intelligence tactique, aux connaissances de son fidèle « numéro 2 », car il savait que, même de l'autre côté de l'Atlantique, Vilanova regarderait attentivement le match.

Comment expliquer alors que deux amis de longue date qui ont partagé tant de moments forts en sont arrivés à ne plus se parler ? Et ce même lorsque l'un d'entre eux traverse une dure épreuve ? Pep et Tito étaient deux membres influents d'un groupe très uni, composé entre autres, de Jordi Roura – qui a remplacé Tito pendant son absence – et d'Aureli Altimira, le préparateur physique de l'équipe. Ce groupe s'était baptisé « *els Golafres* », « les Gloutons ».

À Barcelone, cette brouille entre Pep et Tito a d'abord été une rumeur insistante. Mais un jour, de retour de New York et après avoir gagné une première bataille contre la maladie, Vilanova n'a pas fait de détour pour qualifier sa relation avec Guardiola : « Avec Pep, nous sommes intimes, nous sommes amis depuis notre adolescence. Nous étions ensemble à La Masía et nous avons vécu, ensemble, des moments exceptionnels avec le Barça. Mais c'est vrai qu'avec la distance, les relations finissent toujours par se refroidir. » C'est avec ces mots, simples et directs, que Tito a officialisé ce secret de polichinelle. Et il a décidé de le faire de manière frontale, sans ironie, parce qu'à New York, les deux hommes sont restés distants. Les deux ont pris conscience qu'ils n'étaient plus intimes, que le ressort était cassé. En cette période postérieure à l'élimination face au Bayern, les pro-Guardiola, « les Guardiolistas », ont essayé de trouver les raisons de cette brouille. Certains ont affirmé que Guardiola n'aurait pas apprécié que Tito ait voulu prendre sa place de numéro un…

En tout cas, lorsque Guardiola a quitté le navire, il l'a quitté sur la pointe des crampons, sans émotion et sans toute la reconnaissance qu'il méritait. En avril 2012, le club avait annoncé que Pep allait partir et, dans la même conférence de presse, que Tito serait son remplaçant. Une conférence de presse durant laquelle Messi a brillé par son absence. Et pourtant, il était attendu au premier rang. Afin de dire adieu au premier et bienvenue au second. Le club a bien tenté d'expliquer que cette absence était le fruit d'une confusion, d'un problème de communication, mais personne n'était dupe. Un peu plus tard et comme pour mieux se rattraper, le club a fourni une photo aux médias où le joueur et l'entraîneur s'enlacent à l'entraînement le même jour, comme pour démontrer que les deux hommes sont toujours très proches. La réalité est un peu différente. Dans ce contexte, l'absence de Messi est plus que logique et cohérente avec l'humeur de « la Puce » argentine.

Au fil des saisons, le groupe s'est, en effet, peu à peu éloigné du coach et certains ont même fini par ne plus le supporter. Cesc et Piqué, par exemple, ne lui adressaient même plus la parole. Quelques jours avant l'officialisation du départ de Guardiola, le Real Madrid était venu battre le Barça (2-1) sur sa pelouse, devant une centaine de milliers de spectateurs devenus atones. Cela faisait sept matchs, sept *clásicos* que les Blancs n'arrivaient plus à battre leur meilleur ennemi et quatre ans qu'ils n'étaient pas repartis vainqueurs du Camp Nou. Dans le vestiaire, Guardiola, qui était accusé, de temps en temps, de surjouer et de se prendre pour l'homme à tout faire, tour à tour entraîneur, préparateur physique, président et directeur de la communication, s'est approché de Messi pour lui parler. L'Argentin n'a rien voulu savoir et lui a lancé : « Ce que tu aurais dû faire, c'est de préparer et d'aligner une équipe pour gagner, mais tu ne l'as pas fait. »

Messi n'est donc pas toujours muet. Il lui arrive même de parler. Et d'ailleurs, quelques mois plus tard, l'Argentin a confirmé dans une interview donnée à *El Gráfico* qu'il avait pris ses distances avec Pep. L'entraîneur qui s'était pourtant montré le plus à l'écoute et le plus patient depuis le début de sa carrière.

« Leo, parles-tu toujours avec Guardiola ?

— Non, non, je n'ai plus parlé avec lui depuis son départ.

— Penses-tu qu'un jour, Guardiola entraînera la sélection argentine ?

— Non, je ne le pense pas. Parce que c'est impossible que l'Argentine offre sa sélection à un étranger. »

En peu de mots, Messi en a dit déjà beaucoup. Il ne se voit pas croiser à nouveau le chemin de Guardiola. Guillem Balagué, un célèbre journaliste espagnol basé au Royaume-Uni, assure également que José Mourinho a été l'une des raisons du départ de Guardiola : « Lorsque tu parles avec Pep et que tu lui poses une question sur José Mourinho, tu t'aperçois qu'il se raidit un peu, que son langage corporel n'est plus le même. Il n'aime pas parler de lui. Il n'est pas à l'aise avec ça. Lors des *clásicos,* Pep ne prenait plus de plaisir. C'était même devenu des moments désagréables. Il m'a même avoué que Mourinho avait fini par avoir ce qu'il voulait : réussir à le déstabiliser émotionnellement », a assuré Balagué dans l'émission espagnole *Punto Pelota,* avant d'expliquer pourquoi il y avait tant de tension dans le vestiaire à la fin de son mandat : « Pep savait que cet effectif devait évoluer. Et ce n'était pas évident pour lui parce qu'il avait constitué ce groupe d'éléments qu'il appréciait particulièrement. Et il fallait qu'il montre la porte à certains d'entre eux et en faire venir de nouveaux, dans un club, un pays (la Catalogne) dont il se sentait le symbole. Tout ça était difficile à assumer pour lui. Il devait faire une pause pour se retrouver et se ressourcer, parce que ça devenait vraiment pesant pour lui. »

Pep a donc fait le choix de prendre l'air plutôt que de reconstruire un groupe qui ne le suivait plus. Lors de sa seconde saison comme entraîneur du Barça, Pep a appelé un collègue coach de Premier League pour lui demander : « Si tu sens que le courant ne passe plus avec un joueur, que fais-tu ? Tu lui indiques la porte de sortie ou tu t'en vas, toi ? » Et Pep a eu la réponse qu'il ne voulait pas entendre : « Tu dois le virer. »

Ces phrases, ces mots et ces informations permettent de mieux comprendre quelques-uns des propos de Guardiola quant aux raisons de son départ : « C'était le moment de partir parce que si j'étais resté, on aurait fini par se faire du mal. »

Quelques mois plus tard, en janvier 2013, Guardiola a, à nouveau, eu affaire à son ancien club. Il s'est présenté au gala du Ballon d'or dans la peau de l'ancien entraîneur du club catalan, puisqu'il avait été nominé dans la catégorie Meilleur coach de l'année 2012. Le prix, c'est finalement Vicente del Bosque, le sélectionneur espagnol, qui l'a gagné. José Mourinho, le troisième nominé, n'avait pas daigné faire le voyage jusqu'à Zurich. Quelques mois plus tard, le volcanique Portugais ira même jusqu'à dire que les dés étaient pipés et que les votes avaient été manipulés et c'est pour ces raisons qu'il n'avait pas voulu participer à cette mascarade.

Guardiola ne garde certainement pas un grand souvenir de ce séjour express à Zurich. Francesc Perearnau, journaliste du *Mundo Deportivo*, se souvient : « Ceux qui étaient à Zurich ont tous été surpris par l'atmosphère glaciale et la distance qu'il y avait entre Pep et les sept joueurs du Barça, dont Messi, qui étaient présents parce qu'élus dans le Meilleur onze de l'année. »

Et ce moment d'entre-soi pour le monde du football a dû être compliqué à gérer pour les uns et les autres, car, à Zurich, il n'y a pas beaucoup d'espaces et les stars du football, ex-joueurs, entraîneurs, présidents de club et journalistes sont obligés de se croiser. Ils n'ont pas d'autres choix que de se saluer ou de se parler. Ce qui a le don de provoquer quelques situations insolites.

À Zurich, par exemple, Guardiola n'a pas hésité à venir saluer un groupe d'hommes très influents, qui étaient, hier, ses « ennemis » : Florentino Pérez, le président du Real Madrid, Emilio Butragueño, le légendaire ex-joueur du Real devenu directeur des relations institutionnelles du club, et Jorge Mendes, l'agent omnipotent de Cristiano Ronaldo et de Mourinho, entre autres…

Certains pensent que le départ de Guardiola du Barça est une preuve de sagesse de sa part et que la brouille avec Vilanova est avant tout une question d'ego. D'autres pensent autrement. « Et moi, j'ai parlé avec les deux », explique Joan Laporta, l'homme qui a présidé le Barça pendant six ans et qui, en 2008, a intronisé un entraîneur peu expérimenté : Pep Guardiola ainsi que son « numéro 2 », Tito Vilanova. La théorie de Laporta, c'est que Guardiola s'est senti trahi par les membres du groupe des « Gloutons ». « Le staff de Pep n'a pas voulu l'accompagner dans ses nouvelles aventures, et ça, ça l'a surpris. Ce staff, c'est lui qui l'a constitué et il l'a beaucoup défendu et je suis bien placé pour le savoir. Parce qu'il a toujours placé les intérêts de ces hommes au même niveau que les siens. » Et lorsque Vilanova a accepté de prendre les rênes du Barça et devenir le numéro 1, Pep et son fidèle lieutenant Estiarte ont été, comme ce dernier l'a déclaré dans le quotidien barcelonais *Sport*, « très surpris ».

En ce printemps 2012 agité en Espagne, tant au niveau économique que social, tout le monde savait que Guardiola avait décidé de continuer sa carrière et de s'installer dans le pays le plus puissant d'Europe pour diriger le club le plus riche du pays : le Bayern Munich. Et dire que c'est justement les Bavarois qui ont éliminé, pour ne pas écrire laminé, le Barça à ce même moment, est assez cocasse. Pourtant, un ami très intime de l'entraîneur catalan assure que Pep n'avait qu'une envie, inavouable : que le Barça gagne.

Et ce, même s'il avait pris ses distances et qu'il n'avait presque plus aucun contact avec Vilanova et la majorité de ses ex-joueurs. Si Vilanova, Roura et Altimira avaient décidé de ne pas continuer l'aventure catalane, Laporta assure : « Pep les aurait pris avec lui au Bayern, ça c'est clair et net. Pep m'a raconté à New York que lorsqu'il a accepté l'offre du Bayern, c'est comme s'il envoyait un message au monde du football : "Moi, ce n'est pas l'argent d'un magnat qui m'achètera parce que j'opte pour un projet sérieux, un club historique et bourré de traditions qui peut compter sur des dirigeants très professionnels." » Cependant, après trois saisons et sept trophées (dont trois titres de champion), Guardiola a signé à Manchester City, propriété d'un fonds d'investissement d'Abu Dhabi. Peut-être avait-il besoin de relever un nouveau défi dans un nouveau championnat…

Retour à Munich, le 23 avril 2013. À quelques minutes du coup d'envoi de cette demi-finale aller de la Ligue des champions, Andoni Zubizarreta, le directeur sportif du Barça, est questionné par un journaliste : « Andoni, avez-vous des nouvelles de Guardiola ? Vous a-t-il dit où il va regarder le match ? » Surpris par la question, « Zubi » prend une grande bouffée d'oxygène avant de répondre : « Laissez-le en paix. » Une phrase qu'il va répéter à trois reprises avant de tourner les talons, de partir et disparaître derrière une porte.

Quelques jours plus tard, et pendant que Laporta dissertait sur Pep et son Barça dans son cabinet d'avocats, situé au sixième étage d'un immeuble de haut standing de l'avenue Diagonal de Barcelone, Guardiola, lui, était de l'autre côté de l'Atlantique pour donner toute une série de conférences. Ces prestations, données à Bogotá et à Buenos Aires, étaient payées des centaines de milliers d'euros. Il faut dire que Guardiola est un entraîneur magnétique et considéré, encore aujourd'hui, comme le meilleur de la planète. Et ce succès, selon Laporta, ne réjouissait pas tout le monde. Rosell, par exemple, qui a été pendant un an et demi le vice-président de Laporta avant de devenir le numéro 1, avait comme une dent contre son ancien entraîneur : « Rosell et ses hommes se sont très mal comportés avec Pep. Mais ils n'ont jamais osé l'affronter de manière frontale. Ils ont tout fait dans son dos, comme des gamins. Entre eux, ils l'appelaient avec ironie "le Prophète" ou "le Messie". "Écoute, disaient-ils, c'est le dalaï-lama qui parle." »

Comparer Guardiola et le dalaï-lama peut faire sourire, parce que les deux hommes sont diamétralement opposés. Enfin, pas pour tous. Certains verront même quelques traits de ressemblance entre l'ex-footballeur et le leader bouddhiste tibétain exilé : ils sont tous les deux chauves, ils parlent de manière posée et réfléchie et ce sont, tous les deux, des êtres spéciaux, hors normes. Avec sa voix rauque et suave et son discours footballistique « différent » plein de poésie et de profondeur, Guardiola a, c'est vrai, quelque chose d'unique. Est-il le dalaï-lama du football ?

Est-ce si difficile de comprendre qu'un entraîneur numéro 1 se brouille avec son numéro 2 ? Parce que l'histoire montre que c'est tout sauf exceptionnel.

Pour ne citer que les plus grands, c'est arrivé à Johan Cruyff et Carles Rexach, entre Jürgen Klinsmann et Joachim Löw ou entre Mourinho et Villas-Boas. C'est la vie. Souvent, deux amis peuvent se trouver à la croisée des chemins et choisir, chacun, un chemin différent. C'est arrivé également à Salvador Sostres, un chroniqueur espagnol, qui, pendant longtemps, a partagé des déjeuners interminables et très bavards avec Guardiola. Un entraîneur, qui, pourtant, ne parlait qu'en conférence de presse. Car, jamais, il n'acceptait des interviews « exclusives ». Et si on se réfère à ce qu'écrit Sostres, le départ de Guardiola du Barça a été très difficile. Les détails nous plongeraient presque dans un film de gangsters. Sostres prétend, par exemple, qu'avant de partir Guardiola a une petite discussion avec Rosell : « Je m'en irai sans faire de bruit, sans faire de déclarations, sans donner d'interviews et sans écrire de livres. Mais si toi ou l'un de tes amis, vous touchez à un de mes amis ou à moi, je dirai tout ce que j'ai à dire et tu sais bien que ce ne sont pas des choses que tu as envie d'entendre… » Une chose est sûre : ce n'est pas le dalaï-lama qui parlerait comme ça.

Non, Guardiola n'est donc pas le dalaï-lama. Ceux qui le connaissent et qui passent un peu de temps assurent, de plus, qu'il a un langage fleuri, qu'il ne passe pas par les quatre chemins de la politesse pour dire les choses. C'est un obsessionnel, il planifie et contrôle tout. Il est méticuleux et n'oublie aucun détail.

Pour illustrer l'emprise de Pep sur son équipe, il y a cette anecdote, cette histoire qui court à Barcelone : avant de commencer son travail, Pep a invité à dîner les principaux propriétaires des discothèques de la ville. Il voulait sceller un pacte avec eux et que ces oiseaux de nuit deviennent ses informateurs. Et qu'ils lui fassent un rapport sur les nuits de ses joueurs : où allaient-ils ? Avec qui ils étaient ? Que buvaient-ils ? À quelle heure partaient-ils ? Personne n'a pu vérifier cette information. Mais une chose est certaine : Guardiola n'a pas hésité à espionner ses joueurs. Un exemple ? Gerard Piqué. Une star, un grand défenseur, un joueur multititré, qui a, en plus, une vraie belle gueule.

Les premiers rapports expliquaient que le défenseur central dépensait de grosses quantités d'argent dans ses parties de poker sur Internet. Il lui arrivait également d'organiser des parties avec ses coéquipiers. Ces rapports expliquaient aussi que Piqué ne sortait pas tout le temps, mais qu'il pouvait rester pendu au téléphone jusqu'à 6 heures du matin avec des filles. Bref, un jeune millionnaire comme un autre.

Aujourd'hui, quelques années plus tard, personne ne sait le fin mot de cette histoire et personne ne connaît l'ampleur de cette « manie » de tout contrôler. Mais pendant que le système Guardiola est attaqué dans les médias, ce dernier n'a pas tardé à réagir. Il n'a pas réussi à garder sa langue dans sa poche. Sa réponse, cinglante, en a surpris plus d'un. Personne, en effet, ne l'attendait arriver en ce jeudi 11 juillet.

Guardiola est alors en stage de préparation au lac de Garde, en Italie, avec sa nouvelle équipe du Bayern Munich. Dans ce genre de décor, l'ambiance est d'habitude très décontractée. La pression n'est pas encore là puisque le championnat n'a pas encore débuté. Mais Pep, qui n'est décidément pas comme les autres, a profité de ce moment pour taper du poing sur la table. En quatre minutes et quarante-quatre secondes, Guardiola a violemment attaqué les dirigeants du Barça. Et, au passage, mis son (ex ?) ami, Tito Vilanova, dans une position plus qu'inconfortable.

« Cette année, je suis parti à New York, à 6 000 kilomètres, pour qu'on m'oublie, pour être enfin tranquille et pour qu'on me foute la paix, mais ça n'a pas été possible. Le président n'a pas respecté sa parole. » Le ton est dur. Le visage fermé. Les journalistes allemands sont incrédules, car ils ne s'attendaient pas à ce qu'il parle en catalan. Ils ont du mal à comprendre. Guardiola, furibond, n'a pas fini, car il a encore une chose à dire. Une chose qui va faire polémique et couler beaucoup d'encre : « Et puis, utiliser la maladie de Tito pour me faire du mal, c'est quelque chose que je n'oublierai jamais. » Avant d'affirmer que s'il n'avait pas vu Vilanova à New York, ce n'était pas de son fait…

Pep, remonté comme jamais, ne s'est pourtant pas arrêté en si bon chemin. Il a parlé, mais il a également agi en coulisses. Dans le même temps, il a été l'un des principaux acteurs de l'opération « Thiago ». Thiago Alcántara est un joueur au potentiel exceptionnel, désigné depuis plusieurs saisons comme le digne héritier de Xavi Hernández au Barça. Et, ultime pied de nez, c'est à un autre Guardiola que le Bayern doit ce transfert. Il s'agit non pas de Pep, mais de Pere, son frère qui n'est autre que l'agent de Thiago Alcántara. C'est lui qui avait négocié, auparavant, une baisse de la clause de départ de 90 à 18 millions d'euros. Thiago a finalement coûté 25 millions d'euros au Bayern. Une vraie bonne affaire. Un trésor de guerre.

Selon de nombreux Barcelonais, l'attaque frontale et brutale de Guardiola à Rosell et ses références à Vilanova n'avaient qu'un seul but : détourner l'attention de l'opération « Thiago ». Sostres, l'ex-ami de Guardiola, le chroniqueur espagnol, fait partie de cette catégorie de sceptiques. Il avait d'ailleurs écrit un article sur cette conférence de presse surréaliste dans lequel il n'a pas hésité à écorner l'image du mythe. Dans son article, titré « Foutez-moi la paix », il écrit : « Pep est un type d'un cynisme absolu et il est très fort pour faire croire que ses adversaires sont des types odieux et sans scrupules pour mieux se faire passer pour un ange pur et immaculé. » Le ton est donné. Les deux camps se rendent coup pour coup.

Quatre jours après la saillie de Pep Guardiola, Rosell remet un peu d'huile sur le feu et répond à son ennemi : « Lorsqu'on avance des choses comme il l'a fait, il faut fournir des preuves pour donner du crédit à ses propos. Mais il n'y en a pas parce que tout ce qu'il a dit est faux. Personne, ni moi, ni un membre de la commission directive, n'a jamais utilisé la maladie de Tito. La situation est déjà assez grave comme ça. Je ne comprends donc pas ce qu'il a voulu dire. » Rosell a réagi comme n'importe quel président d'une telle institution : com' de crise et un démenti formel aux propos lancés par Guardiola. Rien de bien étonnant. Et c'est alors que Vilanova est entré en scène. Lui aussi avait envie de répondre à son ex-meilleur ami.

« Toute l'année, j'ai essayé d'éviter de parler de mes problèmes personnels pour me concentrer uniquement sur le football, parce que mes problèmes, ça n'intéresse personne. J'ai entendu les déclarations de Pep, et pour moi, elles ne sont pas appropriées. Je suis même surpris de ces propos. Je ne pense pas que les dirigeants se sont servis de ma maladie pour m'attaquer. Parce que moi et ma famille, on est plutôt très reconnaissants de l'attention du club, car il essaie de nous aider le mieux possible. [...] Tout le monde est attentionné, mes amis aussi le sont. Il y en a même qui ont fait l'effort de prendre un avion pour venir me voir à New York. Je ne voulais pas parler de ma vie privée, mais lui en a parlé. Pep est venu me voir pendant deux jours, mais ensuite, lorsque je me suis fait opérer et que j'ai suivi plus de deux mois de traitement, je ne l'ai pas vu et ce n'était pas de mon fait. C'est mon ami et j'avais besoin de lui, mais peut-être pensait-il qu'à ce moment précis il n'avait pas à être là. Lui, il a fait comme ça, mais si j'avais été dans cette position, je pense que j'aurais fait autrement. »

La telenovela passionne les Barcelonais. Il y a des larmes, des trahisons, des polémiques, des rebondissements… Qu'elle paraît loin l'image de deux amis, très proches, qui partageaient tout. Alors, lorsqu'une réaction est demandée à Messi, « la Puce » argentine s'est montrée prudente : « C'est une histoire qui les concerne, ils ont parlé, ils se sont dit ce qu'ils avaient à se dire, et au final, ce sont les seuls à savoir ce qu'il s'est passé, à connaître la vérité… »

Messi, intelligemment, a préféré botter en touche, et bien lui en a pris. Parce qu'en ce mercredi estival, Rosell savait une chose que le numéro 10 ignorait. Deux jours plus tard, en effet, le président lâchait une bombe : Vilanova quittait l'équipe, il ne pouvait plus l'entraîner, car la maladie était revenue, plus forte que jamais. Il devait maintenant mettre toutes ses forces dans sa bataille contre le cancer.

12

La transition

Mercredi 17 juillet 2013. Il est une 1 h 30 du matin lorsque Sandro Rosell monte dans sa voiture, garée dans le sombre parking du Camp Nou. Le président est choqué, presque K.-O. Il repasse en boucle la discussion qu'il vient d'avoir. Et essaie déjà de trouver des solutions à son problème. Quelques minutes auparavant, Tito Vilanova l'a en effet prévenu de son départ, car à partir de maintenant, sa priorité absolue était de lutter contre son cancer. Un véritable drame humain. Mais pas seulement. Ce départ met, en plus, le président dans l'embarras, car la Liga doit reprendre dans seulement trois semaines.

La soudaine détérioration de l'état de santé de Tito a pris de cours les dirigeants du Barça. Il y a urgence. Il faut trouver un nouvel entraîneur au plus vite. Des noms commencent à circuler dans la presse : André Villas-Boas, Michael Laudrup, Ronald Koeman ou Luis Enrique. Mais Rosell a une autre idée derrière la tête qui épouse une certaine logique : sachant que la clé des succès du club est un Argentin, il faut en faire venir un autre.

C'est là qu'intervient Horacio Cartes, un nom inconnu des « *culés* ». Et pourtant, en ce mois de juillet 2013, cet homme est en passe de devenir le nouveau président du Paraguay. Rien de moins. Rosell le connaît bien, parce que les deux hommes ont déjà fait affaire ensemble. « Président, je dois parler avec "Tata". Donnez-moi son numéro, s'il vous plaît », lui demande-t-il au téléphone. En 2001, Rosell, qui était alors le directeur de Nike en Amérique du Sud, avait fini par céder aux appels incessants de Cartes et s'était rendu à Asunción pour le rencontrer. Le futur président du Paraguay voulait, en effet, que Nike devienne l'équipementier officiel de son club, le modeste Libertad. Il avait même passé un pacte avec Rosell pour mieux le convaincre : « Si nous ne gagnons aucun trophée lors des deux prochaines saisons, je te rembourse tous les équipements que tu as mis à notre disposition. » C'était une offre qui ne pouvait pas se refuser. Et c'est donc en toute logique que Rosell avait fini par l'accepter. Libertad a alors gagné cinq titres consécutifs en trois ans (il y a deux championnats par année au Paraguay, le championnat d'ouverture et de fermeture) et, à la fin des années 2013, il était le seul club paraguayen qui avait une virgule sur ses équipements. Entre le Libertad de 2001 et le Barcelone de 2013, un point commun, un fil conducteur : Martino.

Cet ex-numéro 10 élégant des années 1980 et 1990, ex-sélectionneur du Paraguay et donc champion à plusieurs reprises dans ce même pays avec Libertad, est un disciple de Bielsa. Il sort d'une saison faste avec Newell's Old Boys : titre de champion d'Argentine et demi-finaliste de la Copa Libertadores (l'équivalent de la Ligue des champions en Amérique du Sud). Le tout en jouant un football offensif et esthétique, un football où le ballon est roi. Un football qui n'est finalement pas si éloigné que ça des exigences barcelonaises. Avant de s'envoler vers Barcelone pour prendre ses nouvelles fonctions, Martino, naïf, déclare : « Je suis certain que Messi et son père ont eu leur mot à dire. » Cette phrase fait immédiatement réagir les médias espagnols. Alfredo Relaño, le directeur d'*As*, le puissant quotidien sportif madrilène, s'offusque : « Et voilà la première bourde de Martino » parce qu'il ne sait peut-être pas et il faut qu'il le sache « que les Espagnols ne font pas confiance aux Argentins ». Et là, c'est comme s'il annonçait que les Argentins avaient pris le pouvoir au Barça. Au même moment, Messi s'exprime sur les réseaux sociaux pour saluer l'arrivée de son compatriote avec deux mots : « Belle surprise. » Comme pour couper court aux rumeurs de son prétendu rôle dans la nomination de « Tata » Martino.

Le tableau est insolite : trente ans plus tard, l'histoire

se répète, au plus grand bonheur des fiers Argentins. En 1983, César Luis Menotti, un autre Rosarino (de Rosario), l'homme à la cigarette et au charisme fou, champion du monde avec l'Argentine en 1978, débarquait au Camp Nou pour entraîner un Barça dont la star était un autre gaucher argentin, Diego Armando Maradona. Mais la maladie, les blessures et le climat détestable qui régnait alors dans le club avaient douché tous les espoirs qu'avait fait naître cette association romantique.

L'arrivée de Martino au Barça a également marqué la fin d'une séquence compliquée pour le club. Le football allait enfin pouvoir reprendre ses droits et revenir, comme il se doit, au-devant de la scène. Au même moment, Guardiola, certainement chamboulé par les nouvelles peu rassurantes concernant son ami Tito, essaie d'apaiser la situation et déclare que désormais « il ne parlerait plus de sa relation avec Vilanova, car c'était un thème personnel, une affaire privée, comme ça aurait dû toujours l'être ». La telenovela était terminée. Il ne restait plus qu'à Messi de tirer un trait sur tout un pan de sa carrière de footballeur. Parce que les deux hommes ont marqué sa vie d'adolescent et d'adulte. Et lui ont permis de progresser, d'évoluer et de grandir un peu plus à leur contact.

Une nouvelle ère s'ouvre. Quelques jours plus tard, Lionel Andrés Messi est planté au milieu du Camp Nou, les bras dans le dos, le sourire gêné, le regard un peu fuyant. Le stade est plein à craquer. Messi est un spectateur parmi des milliers d'autres lorsque Martino prononce ses premiers mots devant son nouveau public. Il fait ce que Messi n'a jamais fait en plus de quinze ans sur les bords de la Méditerranée : il s'exprime en catalan. Une attention toute particulière dans cette ville si fière de son identité. Mais ses supporters ne lui en tiennent pas rigueur, parce qu'ils vénèrent le petit génie argentin. Et qu'importe s'il s'exprime en catalan ou pas, car à Barcelone, il fait l'unanimité.

Devant son nouveau public, Martino s'est contenté de dire « *bona nit* » (bonne nuit) et « *moltes graciès a tots* » (merci à tous) en catalan. Mais le geste a tout de suite été salué et a eu tendance à partiellement rassurer les plus sceptiques. Martino a maintenant les clés du camion. Enfin, plus que d'un camion, c'est celles d'une Ferrari prête à faire ronronner son moteur de nouveau. Il pouvait compter sur un Messi, élu pour la quatrième fois consécutive, comme le meilleur de la planète. Une idole sans frontières. Pendant des décennies, le mot « Maradona » avait tendance, dans tous les coins du monde, à être synonyme d'Argentine. Aujourd'hui, des taxis de Moscou, aux serveurs de Sydney, en passant par les surfeurs californiens ou les gamins footballeurs de plage du Brésil, tous ont désormais tendance à dire : « Argentine ? Messi… »

Pour sa grande première au Camp Nou, à l'occasion du trophée Gamper, ce Barça new-look doit affronter le club brésilien du Santos. Tous les signaux sont au vert. En cette douce soirée d'été, le stade est en ébullition, les supporters sont tout heureux de voir cette nouvelle équipe et de suivre les premiers pas de Neymar, la grande star brésilienne en devenir. Avant que le show ne commence, Martino, à son entrée dans le stade, et par superstition, a marché, avec un seul pied, sur les blanches lignes du terrain. Qu'il soit à Asunciòn, Rosario ou Barcelone, ses rituels sont toujours les mêmes.

Ce jour-là, Martino le sait, ses choix, ses faits et ses gestes sont scrutés. Tous les détails ont leur importance. Pour l'occasion, il a décidé de porter un pantalon bleu foncé et une veste bleu ciel. « Il n'est pas venu en survêtement », remarque un supporter. Une première information importante pour tous ceux qui suivent, et ils sont très nombreux, le club. Et pour une équipe qui, pendant les quatre saisons de Josep Guardiola, avait transformé la zone technique en podium de défilé de mode, ce détail avait son importance.

Sur le terrain, les Azulgranas n'ont pas fait de détails justement. Ils se montrés sans pitié pour l'ancien club de Neymar (8-0). Et déjà, la patte Martino se fait sentir. L'entraîneur a même fait ce qu'il avait dit : quelques jours auparavant, il avait insisté sur l'intensité perdue de cette équipe. Alors, ses joueurs ont pressé haut pour mieux prendre les Brésiliens à la gorge.

L'histoire retiendra que c'est Messi qui a inscrit le tout premier but de l'ère Martino après avoir récupéré un ballon dans la surface adverse. C'était le premier d'une très longue série (41 buts et 14 passes décisives toutes compétitions confondues) qui démontre que Leo a bien essayé d'aider son compatriote comme il le pouvait. Car le Barça est vraiment un club à part. Pas vraiment ouvert sur l'extérieur. Il est obsédé par son identité, son « gène Barça », sa philosophie, son ADN. Et dans ce contexte, mieux vaut être un joueur ou un entraîneur du cru. En effet, qui d'autre pourrait mieux comprendre toutes les subtilités de la maison catalane ? Certains, au club, se sont même étranglés lorsqu'ils ont appris qu'un Argentin allait remplacer Vilanova.

Martino met fin à plusieurs cycles : celui des Hollandais comme Johan Cruyff, Louis Van Gaal ou Frank Rijkaard, et celui des Espagnols-Catalans comme Guardiola et Vilanova. Le Barça entre dans une nouvelle ère. Inconnue celle-là. Certains ont peur que l'équipe perde son « identité » et ne pratique plus ce football de possession, basé sur la technique exceptionnelle de ses joueurs, si cher aux « *culés* ». Et puis, un Argentin a des mots bien à lui, une syntaxe différente et parle souvent pour ne rien dire. Messi est argentin ? Oui, mais lui ne parle pas et n'est pas, à leurs yeux, le plus argentin des Argentins.

Mais Martino a plus d'un tour dans son sac. Et lors de sa première conférence de presse, il a surpris tout son monde : « Son discours n'a rien à voir avec la prose séductrice de Menotti et il est une antithèse des monologues parfois incompréhensibles de Bielsa », écrit le *Mundo Deportivo*, un des quotidiens sportifs les plus anciens de la planète. Devant une salle de presse pleine comme un œuf, Martino a parlé comme un Allemand. Ses réponses, claires et concises, n'ont jamais dépassé la minute. Une expression, qu'il a utilisée par la suite à de nombreuses reprises, a retenu l'attention : « Je découvre la Liga, mais pas le football. »

« "Tata" est très clair », vient même à admettre Cesc Fàbregas, qui, à l'arrivée de l'Argentin, avait pourtant des envies d'ailleurs et de rejoindre Manchester United. « Je compte sur Cesc. Je ne veux pas entendre parler d'un départ », a d'ailleurs déclaré « Tata » après l'écrasante victoire contre le Santos. Avant de poursuivre : « On a eu une discussion, très brève, tous les deux… Enfin, je dis discussion, mais en fait, c'est moi qui ai parlé. »

Cesc a finalement décidé de rester au Barça. Lors des premiers mois de « l'ère Tata », il est même devenu l'un des piliers de son équipe. Pour qui, tout commence, comme dans un rêve. Puisque le Barça remporte la Supercoupe d'Espagne après un match compliqué contre l'Atlético de Diego Simeone. Et gagnera ses premiers matchs dans un mélange de beau jeu, de verticalité, de doutes et de quelques pics d'angoisse. Mais, et c'était écrit d'avance, le séjour de Martino en Catalogne a vite été rattrapé par l'esprit conservateur de la région, de la ville et du club.

Jordi Costa, journaliste de *La Vanguardia*, a, par

exemple, écrit un article autour d'une phrase prononcée par Martino qui expliquait qu'il demandait à ses joueurs « de se montrer plus présents et plus efficaces sur les seconds ballons ». « C'est étrange que l'entraîneur de Xavi, Iniesta, Messi et Neymar espère d'eux qu'ils deviennent des spécialistes des seconds ballons, écrit-il. Parce que ça va à l'encontre de leur essence. Mais la vraie question est : doit-il jouer avec les vertus du club tout en essayant d'accélérer la circulation, même si cela obligerait les adversaires à hacher le jeu et à faire des fautes, ou doit-il demander à ses joueurs de se montrer plus patients pour mieux endormir et désorganiser l'adversaire ? »

Martino n'a certainement jamais lu cet article et n'a pas suivi les conseils de Jordi Costa. Petit à petit et sans le clamer sur tous les toits, il s'est éloigné de certains dogmes des cinq saisons précédentes. Des dogmes poussés à l'extrême puisque, sur le site Internet du club, un article assurait que l'équipe avait eu une possession de balle supérieure à celle du Bayern lors de la fameuse soirée cauchemardesque de Munich (4-0) en demi-finale de la Ligue des champions.

Pour faire passer son message et que les joueurs adhèrent à son système, Martino s'est montré plus flexible, plus pragmatique que ses prédécesseurs. Victor Valdés, le gardien du Barça, a admis que pendant des années il avait tenté de convaincre Guardiola puis Vilanova de la nécessité de marquer individuellement des hommes lors des coups de pied arrêtés.

Ils n'ont jamais voulu l'entendre. Martino, lui, a fait la moitié du chemin en mettant en place un système « mixte » sur ces phases de jeu.

Gerard Piqué, un emblème 100 % catalan, a tenu à soutenir son nouvel entraîneur, car il ne voyait pas le changement d'un mauvais œil. Il a admis, lui l'enfant du club, que les entraîneurs venus de l'extérieur pouvaient apporter autre chose. L'époux de Shakira est même allé jusqu'à remettre en cause le fameux « tiki-taka » qui fait la fierté du Barça et de la sélection espagnole. « Après plusieurs saisons passées avec des entraîneurs de la maison, d'abord avec Pep, ensuite avec Tito, peut-être est-il venu le temps d'évoluer pour éviter de devenir les esclaves de notre système, de notre style », a donc déclaré le *golden boy* catalan à Filippo Ricci, le correspondant de *La Gazzetta dello Sport* en Espagne. Avant de poursuivre : « Maintenant, c'est au tour de "Tata" de prendre les choses en main. Il vient d'ailleurs, et même s'il partage la même idée du football et de la possession de ballon, il essaie quand même de nous montrer un autre chemin, de nous proposer d'autres options. C'est quelque chose de positif, car ça nous permet d'avoir d'autres solutions, d'autres cordes à notre arc. Lorsqu'on est pressé, faire une passe longue, ce n'est pas quelque chose de négatif, ça permet de changer le jeu, de nous donner de l'oxygène et d'éviter d'être acculé dans notre camp sans option pour sortir. C'est donc tout à fait normal et sain d'apporter de nouvelles idées :

parce qu'après tant d'années, les adversaires, et c'est normal, ont compris notre système d'attaque et comment on bougeait sur le terrain. »

Une semaine plus tard, les réflexions de Piqué sur cette évolution ont trouvé leur parfaite illustration sur le terrain. Lors de la victoire des siens contre le Rayo Vallecano, sur le score sans appel de 4-0, le Barça, cinq ans, quatre mois et 315 matchs plus tard, a terminé le match avec une possession de balle inférieure à celle de son adversaire. Le site Internet de Barcelona donne un léger avantage de 51 contre 49 % de possession de balle pour le Rayo Vallecano pendant que la Ligue nationale de football voit le Barça dominer dans ce secteur avec 52 contre 48. Il fallait remonter à la défaite 4-1 contre le Real, le 7 mai 2008, au Santiago-Bernabéu pour trouver un adversaire qui avait dominé les Azulgranas à leur jeu favori. Frank Rijkaard était alors sur le banc des « *culés* ».

Paco Jémez, l'entraîneur du Rayo, a essayé d'expliquer les raisons pour lesquelles Martino avait décidé de se libérer du dogme de la possession : « Dispenser certains joueurs d'efforts défensifs éreintants leur permet de garder de la fraîcheur lorsqu'ils reçoivent le ballon. Avant, ils pressaient tous comme un seul homme. » Jémez se réfère, bien évidemment, à Messi et à Neymar, les deux fers de lance offensifs du Barça.

Les premières semaines de Martino sont assez paisibles. Puisqu'il reçoit même le soutien de Josep María Casanovas, un journaliste écouté du journal *Sport*, qui, quelques semaines auparavant, avait donné sa préférence à Luis Enrique pour remplacer Tito. Mais il n'était pas le premier choix de Rosell. Pas encore. Casanovas n'avait alors eu que des mots doux pour l'Argentin : « Un homme qui a de la personnalité, franc, qui n'a pas deux visages, qui reste raisonnable dans ses propos et qui traite les joueurs avec naturel et respect. Rien à voir avec le style Guardiola. Il vient d'une autre école. Il a ses propres méthodes. Il donne un nouveau souffle. Messi n'est plus intouchable et, comme tous les autres, il doit se soumettre aux rotations voulues par Martino. Avec lui, il n'y a pas de passe-droit, et les rotations sont obligatoires car "Tata" veut faire tourner son effectif, donner sa chance à chacun. Cesc a plus de liberté de mouvement. Neymar, malgré son statut, est un parmi tant d'autres. Martino est naturel, simple et équilibré. Il prévient les joueurs de ce qu'il va dire à la presse. Et ça le rend crédible, car on est tous fatigués de ceux qui jouent un double jeu. »

Au fil du temps, Martino finira par comprendre que chaque mot, chaque geste, chaque détail est analysé au microscope par les journaux, les radios, les télévisions, les blogs et les réseaux sociaux. Son poste est très exposé. Il n'a pas le droit à l'erreur. Mais il a confiance, il a même foi en son projet. Il peut compter sur Neymar, Iniesta, Xavi ou Messi pour réussir son pari.

Le début de saison se déroule comme dans un rêve. Martino remporte ses huit premiers matchs, ce qui est alors le meilleur début de l'histoire du championnat espagnol. Son Barça va même rester invaincu pendant ses dix-sept premiers matchs officiels, avant que la série prenne fin face à l'Ajax Amsterdam en Ligue des champions. Dix-huit matchs d'affilée sans défaite, aucun entraîneur azulgrana ne l'avait fait avant lui.

Pendant toute cette période, le Barça ne s'est pas toujours montré sous son meilleur jour. Il ne convainc pas. Les critiques ne sont jamais loin. Il faut gagner, mais avec la manière. C'est la marque de fabrique du club. Messi aligne les buts et les passes décisives, mais il lui arrive de s'éteindre. Peut-être que la Coupe du monde 2014, son objectif numéro 1, son obsession, commence à trotter dans un coin de sa tête… En tout cas, après les fêtes de fin d'année, le Barça a du mal. Son jeu s'effrite. L'engagement, l'intensité ne sont pas toujours au rendez-vous. Mais l'équipe a encore des sursauts. Au mois de février 2014, la machine se dérègle. Nerveux, le Barça commence par perdre sur son terrain contre Valence (2-3). Puis, méconnaissable, perd sur des terrains de seconde partie de tableau, contre la Real Sociedad (3-1), le Valladolid (1-0) et Grenade (1-0). Les joueurs sont certainement touchés par le décès, en avril, de Tito Vilanova, des suites de sa maladie. Dans la dernière ligne droite, Barcelone se fait coiffer, sur le fil, par l'Atlético Madrid de Diego Simeone. « *El Cholo* » a eu raison de « Tata ». Et il est même devenu sa bête noire, puis son équipe a éliminé le Barça en quart de finale de la Ligue des champions.

À part une Supercoupe, c'est-à-dire rien du tout pour un club de l'envergure du Barça, « Tata » Martino n'a rien gagné. Malgré une saison honorable, il fait ses valises et retourne chez lui, en Argentine. Il devient le sélectionneur de l'Albiceleste après la finale perdue de la bande à Messi lors de la Coupe du monde 2014.

« Tata » Martino a mis du temps avant d'accepter de revenir sur cette première et unique expérience européenne. Mais en 2016, il a décidé de parler, de donner le fond de sa pensée au magazine espagnol *Panenka*. « Cette saison au Barça, c'est un échec total. Et pour moi un échec va bien au-delà d'une victoire. J'ai une autre vision des choses. Si le Barça avait bien joué, mais n'avait pas remporté de titre, ça n'aurait pas été un échec pour moi. Mais nous n'avons rien gagné et en plus, nous avons mal joué. Si nous avions gagné le titre, il n'aurait rien apporté au club. C'est aussi simple que ça. J'avais pris ma décision bien avant la fin de saison. Je ne pouvais pas prolonger quelque chose qui n'existait plus. Au Barça, bien jouer est une obligation. Gagner ne suffit pas. Il n'y a pas de compromis. Et si tu ne réponds pas à toutes ces attentes et que, en plus, tu es étranger, les critiques, parfois virulentes, fusent. À bien y réfléchir, j'aurais dû faire mes premiers pas en Europe dans un autre club. Parce que, même si j'avais acquis une belle réputation en Argentine avec le jeu que j'avais mis en place à Newell's, que certains ont comparé à celui du Barça, 99 % des supporters ne connaissaient pas ma philosophie de football. Au Barça, un entraîneur ne doit pas être là pour motiver ses joueurs, mais il doit comprendre et respecter la philosophie de jeu du club. Mais tout n'est pas noir dans cette expérience, je vous rassure. J'ai pris beaucoup de plaisir à partager le quotidien de footballeurs exceptionnels. J'ai pu aussi découvrir Messi, un homme discret, qui lorsqu'il parle doit être attentivement écouté. Car c'est un crack. C'est le numéro 1 et il fait tout pour le rester. »

13

Les turbulences

Messi se ronge les ongles. Il est nerveux, presque résigné. Il est assis sur le banc de touche, spectateur malgré lui. Le Camp Nou est atone, médusé. Parce qu'en cette soirée du 1er mai 2013, le Barça est à la dérive face à un Bayern Munich qui marche sur l'eau. Étrange de voir cette équipe et son numéro 10, pourtant brillants pendant six mois, devenir à ce point vulnérables et fragiles. Et pourtant, en début de saison, les Catalans s'étaient promis de tout faire pour remplir leur objectif numéro 1 : jouer la finale de la Ligue des champions, le 25 mai 2013 à Wembley. Après avoir tremblé contre le Milan AC en huitième et le PSG en quart, les hommes de Vilanova ont quand même réussi à se hisser jusqu'en demi-finale. Mais ils n'iront pas plus loin. La marche est trop haute. Ils explosent contre les Munichois sur un score global de 7-0 : 4-0 en Allemagne et 3-0 au Camp Nou. Une correction.

Ce soir-là, au Camp Nou, lors du match retour, le Bayern a donné une véritable leçon aux Catalans. Et personne – ni les joueurs ni l'entraîneur – n'a su réagir face à une telle démonstration d'efficacité. Ils sont K.-O. debout. Vilanova, par exemple, ne réalise son premier changement qu'à la 82e minute, alors que les jeux sont faits. Messi, lui, est resté assis pendant 90 minutes sur le banc. Silencieux, le numéro 10 argentin a passé son match à se ronger les ongles.

Pour synthétiser ce match, *El País* a titré : « Pétrifiés sur le terrain et sur le banc ». Dans cet article, le quotidien espagnol revient également sur le match aller à Munich : « Ce jour où Messi a traîné sa peine, tel un zombie. Il était sur le terrain, mais c'était comme s'il n'y était pas. Il n'a pas joué. Sur les onze tentatives de dribble, il n'en a réussi que deux. Une statistique éloquente et improbable pour un joueur de son talent. Preuve qu'il n'était pas forcément en condition de jouer. »

Malgré les soucis physiques évidents de sa « Puce » argentine, la presse barcelonaise est persuadée que le miracle est possible face au Bayern. Oui, les Catalans sont capables de renverser la vapeur et de se qualifier pour la grande finale. La presse, toujours aussi hystérique, se persuade que Messi est en grande forme. Qu'il est tout simplement exceptionnel pendant les entraînements. Et que sa blessure, survenue face au PSG, en quart de finale, n'est plus qu'un mauvais souvenir. La vérité est ailleurs. Et la presse ne peut pas le savoir car toutes les portes et les bouches sont fermées au Barça, et parce qu'elle ne peut pas se fier à ce qu'elle voit puisque les entraînements lui sont interdits. Mais elle avait envie d'y croire et de croire aux messages envoyés par le club.

La vérité, c'est que Messi n'est pas au mieux. Ce mercredi 1er mai, à 10 heures du matin, l'espoir est encore là, et nombreux pensent que le numéro 10 sera titulaire le soir venu. Vers 10 heures, donc, il envoie un SMS à un compatriote, un homme de confiance : « Aujourd'hui, on va faire ce qu'on peut. » Comme toujours avec lui, le message est laconique. Mais il laisse planer un doute. Il n'est pas au top, mais il ne peut rien dire. Parce que les jours précédant la rencontre, une vague d'espoir a envahi les médias qui voulaient croire à un miracle et à une nouvelle fabuleuse histoire dont le héros serait leur lutin de Rosario. Encore et toujours lui. Dans ce contexte, il lui est difficile de doucher l'enthousiasme des uns et des autres. Et de dire la vérité, toute la vérité.

Comme pour mieux se rassurer, les « *culés* » se disent que Leo a montré des signes très encourageants et inscrit un superbe but contre l'Athletic Bilbao quelques jours auparavant. Donc oui, les supporters et les journalistes peuvent rêver à une grande soirée. Mais il n'y a pas eu de miracle, et le rêve s'est vite transformé en cauchemar. Pendant quatre-vingt-dix minutes, Messi est resté scotché sur son banc de touche. Impuissant face à la déroute des siens.

Alors, après le match, les journalistes ont essayé de comprendre. Mais que s'était-il bien passé ? Vilanova a essayé de faire au mieux, mais il faut se rendre à l'évidence : la communication du club barcelonais n'était plus aussi rodée qu'à l'époque de Guardiola. « Messi n'est pas blessé, mais un joueur, même lui, n'est pas au mieux après avoir été privé d'entraînement pendant plusieurs jours. » Mais Messi pouvait-il jouer ? « Je pense qu'il n'était pas en condition pour aider l'équipe. Parce que dans les dernières minutes du match contre Bilbao (2-2), Messi a ressenti une vive douleur, quelque chose d'étrange. » Mystère, mystère. Il est difficilement imaginable que Messi, en condition, ne passe pas une seule minute sur la pelouse. Ou alors, « la Puce » a changé, car ça serait une situation pour le moins inédite dans la carrière de l'Argentin.

« Le plan, c'était de le garder, au chaud, sur le banc. Et si le Barça venait à mener 3-0, le faire entrer à dix, quinze minutes de la fin du match pour inscrire un quatrième but, ont alors expliqué des sources proches du club. Il n'était pas blessé, mais il se sentait fragile et il avait peur de se blesser sérieusement sur un sprint ou sur un violent effort. »

En cette fin de saison, à l'instar de Messi, l'équipe montre des signes de fatigue physique et mentale. Elle est sur les rotules. Elle doute et semble avoir la tête ailleurs. À tel point que même Messi, et ce bien qu'il ne soit pas blessé, n'a pas essayé de sauver les siens d'une cruelle élimination. Inconsciemment, le Barça ne veut pas prendre de risque et recentre toute son énergie vers la Liga et ce titre de champion qui lui tend les bras.

Face au Bayern, Messi n'a été que l'ombre de lui-même. Fantasmagorique à l'aller, spectateur au retour. Pendant deux matchs, le Barça a été le jouet des hommes de Jupp Heynckes. Et même si le club, qui a gagné quatorze des dix-neuf titres en jeu des dernières saisons, a fini par remporter la Liga, quelques jours plus tard, avec quinze points d'avance sur le Real Madrid, il n'est plus aussi dominant. Il a donné de mauvaises habitudes à ses suiveurs et placé la barre d'exigence très haut.

En cette fin de saison 2013, Messi est fatigué. Il n'a plus d'essence dans son moteur parce qu'il a beaucoup trop joué – la régulation ou l'autorégulation, mise en place par Guardiola, avait disparu. Messi est repu de matchs, de buts et de records. Il a, par exemple, réussi un exploit, jusque-là inédit : inscrire au moins un but face aux dix-neuf autres clubs de la Liga et ce en dix-neuf matchs consécutifs. Monstrueux. Le Barça devient totalement dépendant de lui. Plus que jamais. Mais le rythme effréné d'un club qui vise tous les titres a fini par avoir raison de lui. Entre la Liga, la Ligue des champions, la Coupe du Roi, les matchs avec la sélection argentine, le numéro 10 a fini par sérieusement se blesser. Cela faisait cinq ans, une éternité, qu'il n'avait pas été sur le flanc, comme ça. Mais il a quand même eu le temps d'inscrire 46 buts en 31 matchs de Liga (il a manqué les quatre dernières journées). 46 buts, c'est 4 de moins que la saison passée. Une saison 2011-2012 qui l'avait vu inscrire 4 buts de plus que Cristiano (50-46). Cette fois, la différence entre les deux hommes est plus importante : 46-34 en faveur de « la Puce »...

La blessure de Messi est donc une très mauvaise nouvelle pour le Barça, équipe de plus en plus « Messi dépendante », mais Vilanova ne veut pas l'admettre. Et pourtant, de nombreux clubs prendraient ce « problème » comme une « bénédiction ». Dépendre du meilleur joueur de la planète n'a, en effet, rien de très honteux. Lors de la conférence de presse qui a suivi la défaite, Vilanova a maladroitement répondu à la question d'un journaliste sur ce thème. Il a assuré que ce n'était pas vrai et que pour lui, justement, son équipe est moins dépendante de lui que les saisons précédentes.

Les mois précédents ont pourtant démontré le contraire. Huitièmes de finale de la Ligue des champions : le Milan AC bat un Barça peu concerné sur le score de 2-0. Au retour, Messi prend les choses en main, secoue ses coéquipiers et ouvre le chemin de la qualification en inscrivant le premier des quatre buts de la soirée (4-0).

Quarts de finale : après un match nul (2-2), au Parc des Princes, à Paris, le Barcelone se contente d'un 1-1 au Camp Nou pour se qualifier pour les demi-finales. Ce 2 avril, Messi revenait tout juste d'une blessure au biceps fémoral de la jambe droite. Blessure survenue lors du match aller. Personne ne s'attendait à ce qu'il refasse son apparition contre le PSG. Il est finalement entré sur la pelouse à trente minutes de la fin du match, le temps de faire peur aux Parisiens, qui ont alors décidé de faire deux pas en arrière et donc de se montrer beaucoup plus prudents. Le Barça tenait alors sa demi-finale. Mais ne s'était pas rassuré pour autant.

Le climat est lourd autour du club. Les langues se délient. Le chef catalan, Ferrán Adriá, divulgue les propos de Pep Guardiola, un absent toujours aussi présent, sur son ex-équipe. La presse se fait également un malin plaisir à raconter comment le club a demandé à une agence de détectives privés d'espionner les faits et gestes de plusieurs joueurs, sous le mandat Laporta. Et ce dernier, pour contre-attaquer, ne cesse de critiquer le choix des dirigeants d'avoir fait appel à Vilanova. Tous les coups sont permis.

Surtout que l'épreuve que traverse l'entraîneur, touché par un grave cancer, a marqué Barcelone. Comment faut-il réagir face à un tel drame ? Le club a pris la décision de le protéger, de l'attendre et de lui donner toute sa confiance. Mais pourtant, lorsque Vilanova a été contraint à s'absenter et à partir se faire soigner à New York, il y a eu du relâchement. C'était inévitable. Au même moment, au mois de mars, Carles Puyol, l'emblématique défenseur central, le guerrier expérimenté, le capitaine courage de l'équipe, doit se résoudre à se faire opérer. Sans lui, l'assise défensive n'est plus la même. Et personne n'est en mesure de remplacer sa fougue contagieuse.

Le Barça s'éteint. Il n'y a pas de réaction. L'équipe a perdu son leader et son sens commun du devoir. Après son élimination face au Bayern, Piqué demande « du changement », « de prendre des décisions ». Son entraîneur, cinglant, lui répond en conférence de presse : « J'imagine que le joueur qui a prononcé ces mots ne pensait pas que c'est lui qui pouvait être changé ? » Le message n'a pas la subtilité, presque mielleuse, d'un Guardiola. Non, Vilanova est plus direct, il ne met pas tout le temps les formes pour dire les choses.

Cette saison 2012-2013 se termine en queue de poisson. Elle laissait augurer un autre épilogue tant le début de saison avait été majestueux. L'équipe est alors réglée comme une horloge : certes, elle encaissait plus de buts que les saisons précédentes, mais elle savait rendre la monnaie de sa pièce à ses adversaires avant de les punir. Une vraie machine de guerre. Mais tout s'est brusquement enrayé lorsque Tito, malade, a dû partir se soigner à New York. C'est ce qu'a raconté Lionel Messi à Inés Sáinz lors d'une interview pour la télé mexicaine, TV Azteca : « Ça a été un moment très dur à encaisser pour nous, parce qu'on avait besoin de Tito. Depuis le départ de Guardiola, c'est lui qui était l'homme qu'on écoutait, lui, qui nous parlait chaque jour pour améliorer le fonctionnement de l'équipe.

Donc, lorsqu'il est parti, on a tous noté un changement. Et pourtant, Roura et tous ceux qui se sont alors occupés de nous ont très bien fait leur travail, mais lorsque le numéro 1 n'est plus là, ce n'est plus la même chose… »

Son retour n'a pourtant pas changé grand-chose. L'équipe n'a pas su repartir du bon pied. Certains annoncent déjà la fin d'un cycle. Qu'il faut passer à autre chose. Ce genre de propos a l'art de faire dresser les poils de Xavi. Le milieu de terrain catalan, considéré comme le cerveau de l'équipe, est un type intéressant. Alors, lorsqu'on lui laisse le temps de s'exprimer, il en sort toujours des propos à méditer.

Javier Miguel, le journaliste de *Sport*, a justement eu le temps de parler avec Xavi. Ses questions sont incisives. Les réponses méritent le détour. La théorie centrale de Xavi, c'est qu'il était impossible de parler d'une « fin de cycle ». Parce qu'un cycle, ça ne veut pas dire grand-chose. Ou sinon, que pourrait-on dire de Chelsea qui, un an plus tôt, avait soi-disant ouvert un nouveau cycle après avoir battu le Bayern en finale de la Ligue des champions ? « Arrêtez de me parler de résultats, s'offusquerait presque le milieu catalan. Ceux qui ne se concentrent que sur le résultat ont une vision superficielle des choses. Il faut voir les matchs et les revoir et c'est ce que j'ai fait. Le Bayern, par exemple, n'a pas joué de manière ordinaire contre nous. Ils n'ont pas été aussi spectaculaires que d'habitude. Ils ont misé sur leur vitesse dans les couloirs, sur un pressing haut et sur un travail défensif irréprochable. Ils sont arrivés dans une meilleure forme que nous, ils ont été plus forts au niveau physique, ce qui leur a permis de garder un rythme très élevé et de continuer leurs efforts. Mais le ballon, c'est nous qui l'avions, ils ne nous ont pas dominés. »

Avec cette analyse, Xavi répond peut-être également, à sa manière, à *La Gazzetta dello Sport*. Pendant l'Euro 2012, le quotidien italien avait écrit que l'Espagne et son amour du ballon n'étaient qu'un parfait exemple de « masturbation tactique ». Ou à Bixente Lizarazu qui avait défini le football espagnol comme un football où « il y avait beaucoup d'amour, mais peu de sexe ».

Xavi est sensible lorsqu'il est question de philosophie de jeu. « Ça, c'est vraiment une question de merde », a réagi Xavi, lorsque son interlocuteur lui a demandé si le Barça préférait bien jouer plutôt que gagner. « Lors d'une finale, qu'est-ce que tu préfères : bien jouer ou gagner ? » « Pour moi, gagner n'est pas forcément le plus important. Je me souviendrai toute ma vie de l'Athletic Bilbao de Bielsa, de son style, de sa philosophie offensive, de ses mouvements collectifs, mais je peux t'assurer que je n'ai aucun souvenir du Chelsea, vainqueur de la Ligue des champions en 2012. Parce que je n'aime pas ce football radin et obsédé par le résultat. Je ne l'aime pas, je l'exècre. Pour revenir à nous, c'est vrai que cette saison, nous n'avons pas eu les résultats qu'on espérait. Mais, même contre les meilleurs, nous avons toujours eu la possession de balle et nous avons souvent dominé. Il nous a manqué du jus certainement. Cela fait deux saisons de suite que nous échouons en demi-finale de la Ligue des champions. Ce n'est pas normal. Mais il faudrait commencer à réfléchir et à changer les choses, parce que cette saison, les deux matchs de Coupe contre le Real nous ont carbonisés. Pourquoi ne pourrait-on pas jouer un seul match de Coupe et non pas un match aller-retour ? Peut-être que ça nous permettrait d'arriver plus en forme en avril et en mai… »

Cette saison 2012-2013 a lessivé les joueurs, physiquement et mentalement. La maladie de Tito, celle d'Abidal, les blessures, les polémiques dans les journaux, les secousses en interne après l'ère Guardiola, rien n'a été facile cette saison. En ce mois de mai 2013, Rosell, le président du Barça, et les joueurs n'ont qu'une envie : oublier 2012-2013 et préparer au mieux 2013-2014. Mais le sort a pourtant décidé de s'acharner sur le club…

14

Le retour aux sources

Lionel Messi baisse la tête pour mieux contenir ses larmes. À ses côtés, Javier Mascherano se tord de douleur. Il est replié sur lui-même. Il sanglote. Devant eux, Victor Valdés, Puyol, Xavi et Iniesta sont également très émus. Chacun leur tour, ils vont finir, eux aussi, par essuyer leurs larmes. En ce 25 avril 2014, l'effectif pro du Barça fait front face à la tristesse. Tous sont assis, dans leur costume officiel, dans la cathédrale de Barcelone pour suivre la cérémonie d'enterrement de Tito Vilanova. Un jour de deuil pour tout le club qui voit là disparaître l'un de ses fidèles, l'un de ses enfants les plus brillants. Dans l'enceinte, tous les bancs, tous les espaces sont occupés. Beaucoup de monde s'est déplacé pour ce dernier au revoir : des proches, des collègues, mais aussi des politiques, des dirigeants de club de la Liga et d'Europe. Deux écrans géants ont été installés devant la cathédrale pour permettre aux autres de suivre la cérémonie. Ce dernier hommage est marqué par l'absence de Guardiola (« Je n'étais pas forcément le bienvenu », expliquera-t-il plus tard), mais aussi par les nombreux discours qui ont émaillé cette cérémonie. « Tu seras toujours à mes côtés. Tu seras mon ange gardien. Ton souvenir m'aidera à surmonter mes problèmes et je te dédierai toutes mes victoires », a déclaré Adria Vilanova, fils de Tito, défenseur central élégant et efficace appelé à être l'héritier de Gerard Piqué selon certains. Bartomeu, le président du Barça, a lui aussi tenu à rendre hommage à son entraîneur. Dans son discours, il prononce une phrase « jusqu'au bout, Tito aura tout fait pour aider le club », qui ne retient pas tout de suite l'attention de son auditoire. Et pourtant, quelques jours plus tard, elle prend tout son sens lorsque TV3, une chaîne de télévision catalane, révèle que Tito a convaincu un Messi, décidé comme jamais à partir, de rester au club. Il l'a reçu, chez lui, six jours avant son décès. Assis dans la cathédrale, perdu dans sa tristesse, Lionel le sait : il est le dernier des joueurs à avoir vu Tito en vie. Il sait également que, dans sa vie de footballeur, il doit beaucoup à Tito…

En ce premier trimestre 2014, le Barça est un club en crise. Le décès de Vilanova arrive, en effet, à un moment où le navire Barça est pris dans une grosse tempête. Le bateau tangue. En coulisses, c'est même la catastrophe. Au mois de janvier, Sandro Rosell, le président du club, est obligé de démissionner après les révélations sur les dessous du transfert de Neymar. Sur les terrains, l'équipe est à la dérive. Elle a perdu sa belle dynamique de début de saison. En Liga, le Barça a laissé de précieux points en route contre des clubs qu'ils sont habitués à broyer. Entre le 1er février et le 12 avril, ils perdent quatre matchs en douze journées (contre Valence, la Real Sociedad, Valladolid et Grenade). Début avril, en Ligue des champions, ils sont éliminés dès les quarts de finale par l'Atlético Madrid de Diego Simeone. Enfin, le 16 avril, ils sont croqués par leur meilleur ennemi, le Real Madrid, en finale de la Coupe du Roi (2-1). Cette saison 2013-2014 a toutes les chances de se terminer sans grand trophée. C'est un échec. Cuisant. Alors, ces défaites à la chaîne ont tendance à exciter les médias et les supporters. Comme s'ils avaient subitement perdu la mémoire et oublié tout ce que cette équipe avait fait pour le club. L'entraîneur et les joueurs sont vivement critiqués. L'air est irrespirable. Même Messi est hué au Camp Nou, voire pris à partie, par des supporters. Une vidéo tournée par un amateur et largement diffusée sur les réseaux sociaux montre un Messi hors de lui lorsque des hommes lui lancent : « Mercenaire ! Réveille-toi ! Tu ne penses qu'à la Coupe du monde… »

« La Puce » argentine n'est pas vraiment dans son assiette lors de ce premier trimestre 2014. Sur les terrains, il n'a pas de peps, comme s'il ne se retrouvait pas forcément dans le football prôné par Martino. En dehors, cette ambiance, délétère, ne l'aide pas à sortir la tête de l'eau. Elle a même tendance à le plonger un peu plus dans ses doutes. Il se pose des questions sur son avenir. Josep Maria Bartomeu a parfaitement conscience du problème. Il doit agir car il ne veut pas être le président qui a laissé partir Messi. C'est donc lui qui a l'idée de demander de l'aide à Tito. En effet, les deux hommes se parlent souvent au téléphone. Un jour, Vilanova lui demande des nouvelles de Messi, parce qu'il trouve que « la Puce » n'est pas au mieux. Bartomeu lui confirme ses craintes et lui raconte que le numéro 10 trimballe son spleen. Avant de raccrocher, Bartomeu demande une faveur à Tito : qu'il reçoive Messi chez lui pour prendre le pouls et pour lui parler. Tito accepte. Bartomeu fait alors comprendre à Messi que Vilanova veut le voir. Messi accepte. Tito et Lionel se connaissent bien et depuis longtemps. Vilanova a en effet eu Lionel, Piqué et Cesc sous ses ordres lorsque les futures stars n'étaient encore que des adolescents (cadets). Puis, quelques années plus tard, il a été le numéro 2 puis le numéro 1 de l'équipe. Bref, Lionel et Tito ont partagé beaucoup de temps, beaucoup de moments intenses ensemble. Ils se respectent.

En ce 19 avril 2014, Vilanova ouvre donc les portes de sa maison à son ex-joueur. Et pourtant, il va mal. Il est très affaibli par la maladie. Il ne veut pas que ses joueurs le voient dans un pareil état. Chaque fois que l'un d'eux a demandé de le visiter, il a toujours poliment refusé. Mais pas cette fois-ci. Lionel Messi débarque donc chez lui dans la soirée. Il est accompagné par son pote, José Manuel Pinto, le troisième gardien de l'équipe, et par Pepe Costa, le team manager de l'équipe, très proche de « la Puce ». TV3 affirme que, lors de ce rendez-vous, Messi est bavard. Et que la discussion, intense, va durer plus de deux heures. Le numéro 10 est assez remonté. Très vite, il annonce à Vilanova que sa décision est prise : il s'en va. Tito lui répond : « Où pars-tu ? Au PSG ? » Au PSG ou à Manchester City, là n'est pas la question. Messi botte en touche et embraye. Il lui soutient que plein de choses l'obligent à partir et que ce n'est pas qu'une question d'argent. Tito écoute patiemment. Lorsque c'est à lui de parler, il fixe le regard de Lionel et se lance dans un monologue. Il revient sur ses années Barça, sur tout ce qu'il a fait, tout ce qu'il a construit, tout ce qu'il a gagné et tout ce qu'il peut encore gagner ici. Il lui rappelle aussi que le Barça est un des plus grands clubs du monde et qu'ici, à Barcelone, il y a tout ce qu'il faut pour son équilibre. Selon TV3, les arguments de Tito ont eu le don de calmer Messi et de le convaincre d'attendre un peu avant de prendre sa décision. Le lendemain, le 20 avril, Messi, revigoré, se montre décisif contre l'Athletic Bilbao (victoire 2-1). Quelques jours plus tard, Vilanova décède des suites de son cancer. Messi, lui, a finalement décidé de rester au club et de prolonger son aventure. Au mois de mai, il signe un nouveau contrat (le septième depuis qu'il est passé professionnel) qui lui garantit de gagner 20 millions d'euros (net) de salaire par saison. Un record. Une marque de confiance et une envie, partagée, d'ouvrir une nouvelle page.

Il faut, en effet, oublier au plus vite cette saison 2013-2014. Pour la première fois depuis 2007-2008, Messi et ses coéquipiers n'ont pas soulevé un seul gros trophée : ni la Liga, ni la Ligue des champions, ni la Coupe du Roi. À l'intersaison, Martino, le fugace entraîneur argentin, est donc prié d'aller voir ailleurs. Pour retrouver un peu de sérénité, le club fait appel à une vieille connaissance : Luis Enrique. Charge à lui de mettre l'équipe sur de bons rails et, doucement, mais sûrement, de retrouver le chemin du succès.

Même si Luis Enrique n'est pas un enfant de La Masía, il incarne pourtant parfaitement les valeurs et la philosophie du club. Avant d'être entraîneur, l'Espagnol a eu une brillante carrière de joueur. Cet Asturien a fait ses premiers pas et explosé, chez lui, au Sporting Gijón. Celui qui est alors surnommé « Pinti » joue alors aux avant-postes et permet à son club de se qualifier pour la Coupe UEFA. Historique. Les mastodontes de la Liga se l'arrachent et c'est finalement au Real Madrid qu'il donne sa préférence. Chez les Merengues, il est trimballé d'un poste à un autre et ne réussit pas vraiment à trouver sa place. Jorge Valdano ira même jusqu'à l'écarter de l'équipe. Il se morfond et n'hésite pas une seule seconde à rejoindre le Barça lorsque la porte catalane s'ouvre. Les « *culés* » ne l'ont pas oublié et ils sont persuadés qu'il pourrait parfaitement s'adapter à la philosophie du club.

Et puis, Joan Gaspart, le président du Barça, a un compte à régler avec le Real. Il n'a toujours pas digéré que les Merengues lui aient « volé » Michael Laudrup, le brillant attaquant danois. Malgré lui, Luis Enrique devient donc, en plus, une prise de guerre.

Au Barça, Luis Enrique, le joueur, s'épanouit et devient vite un élément incontournable de l'équipe. En huit saisons, il remporte deux championnats, deux Coupes du Roi et une Coupe d'Europe des vainqueurs de Coupe. L'ex-attaquant est devenu un arrière droit exceptionnel. C'est un joueur de tempérament doté de qualités physiques hors normes. Il est infatigable et met beaucoup d'intensité dans tout ce qu'il fait. Cette intensité, cette envie de se surpasser, il l'a toujours en lui lorsqu'il décide de raccrocher les crampons et de devenir entraîneur. Pour repousser ses limites, il s'organise des sorties au long cours en vélo, court des marathons, participe à des triathlons et va même jusqu'à tenter l'expérience du Marathon des Sables au Maroc. Une course éprouvante de sept jours, en plein désert. Luis Enrique aime souffrir et dépasser ses limites.

Il est de la même génération que Pep Guardiola. Lui aussi a du tempérament et veut imposer sa vision du football, qui est, bien entendu, en adéquation avec la philosophie du club. En 2008, pour sa première expérience sur un banc, il prend justement la suite de Guardiola à la tête du Barça B. L'équipe réserve du Barcelone évolue alors en troisième division.

Rapidement, Luis Enrique impose son style et parvient à la faire monter en seconde division. « Le Barça est le premier club qui m'a donné ma chance et pourtant, je n'avais aucune expérience dans le métier. Lorsque je suis parti, j'ai dit que ce n'était qu'un *hasta luego,* car je savais qu'un jour nos chemins allaient se croiser à nouveau », a-t-il rappelé lors de sa présentation le 21 mai 2014. Avant de revenir dans sa seconde maison, Luis Enrique a vu du pays. En 2011, il est d'abord parti s'essayer en Italie, à l'AS Roma. L'aventure ne dure qu'une saison. Son bilan est plus que mitigé (7e au classement). C'est un échec. Après une année sabbatique, il pose ensuite ses valises au Celta Vigo. En Galice, Luis Enrique renaît. Malgré sa neuvième place au classement, il a su mettre en place un jeu offensif et spectaculaire. Les dirigeants du Barça sont rassurés et l'appellent donc pour venir à leur chevet.

Lors de sa présentation, au mois de mai 2014, Luis Enrique annonce que son ambition est de « construire un nouveau Barça. Un Barça ambitieux, qui doit remporter un maximum de trophées. Cette saison, il y aura du changement. Et pour ce faire, le club le sait, nous allons nous renforcer. L'effectif va évoluer ». Carles Puyol, Victor Valdés et Cesc Fàbregas, trois poids lourds du vestiaire, trois figures historiques de l'équipe, s'en vont. Tout comme Alexis Sánchez, l'explosif attaquant chilien. Pour les remplacer, le Barça recrute Ter Stegen, Claudio Bravo, Ivan Rakitić ou Luis Suárez. Quant à Xavi, le cerveau de l'équipe, il a d'ores et déjà assuré que cette saison 2014-2015 serait sa dernière au club.

Luis Enrique ne veut pourtant pas entendre parler d'une transition, mais plutôt d'un retour aux sources. Il veut, au plus vite, inculquer ses valeurs à l'effectif. Dès le premier entraînement, dès son premier discours aux joueurs, il répète et répète encore le mot « intensité ». Il veut le remettre au goût du jour, car il trouve que lors de la précédente saison, sous Martino, les joueurs n'ont pas fait tous les efforts nécessaires. À l'entraînement et à chaque exercice, il demande du rythme, de la vitesse et beaucoup d'envie. Il n'hésite pas à interrompre les exercices pour insister sur un détail et, surtout, pour demander à ses joueurs de mettre plus d'intensité. S'il sent que l'un d'entre eux ne joue pas le jeu à l'entraînement ou en match, il l'invite à s'asseoir sur le banc. L'équipe doit être au-dessus de tout. Un jour, Gerard Piqué est filmé sur le banc de touche, en plein match, avec son téléphone portable. Luis Enrique, intransigeant, l'assoit sur le banc pendant trois rencontres. L'homme est exigeant. Son football aussi. Sa méthode est usante pour les nerfs et pour le corps. Il n'y a aucun passe-droit. Il ne fait de cadeaux à personne. Ni même à Lionel Messi.

Depuis plusieurs saisons, « la Puce » a pris l'habitude de retourner se ressourcer dans sa ville natale, à Rosario, pendant les fêtes de fin d'année. En général, il revient après le jour de l'an. Mais Luis Enrique ne le voit pas de cet œil-là. Il exige que sa star soit de retour à l'entraînement le 30 décembre. Comme tout le monde. Lionel obtempère. Mais quelques jours plus tard, la relation va sérieusement s'envenimer entre les deux hommes. À la fin d'un entraînement, Luis Enrique, qui a pourtant l'habitude de laisser ses adjoints diriger chaque séance, décide de prendre le sifflet et d'arbitrer un match. Il refuse un but à Messi. L'Argentin est excédé et le fait savoir, de manière virulente, à son entraîneur. Lors du match suivant, le 4 janvier, à Anoeta contre la Real Sociedad, Messi est sur le banc des remplaçants en compagnie de Neymar. « La Puce » est punie. Résultat : le Barça perd et Messi boude. Le 6 janvier, le jour des Rois mages, Lionel sèche le seul entraînement ouvert au public de l'année. Le numéro 10 brille par son absence. Il n'a prévenu personne et ne répond pas aux nombreux coups de fil de Pepe Costa (le team manager). Il se terre, injoignable. Luis Enrique est hors de lui et lui promet une sanction exemplaire. Personne ne sait alors exactement ce qu'il s'est passé. Mais la rumeur dit que Xavi est allé parler à son entraîneur pour essayer de calmer les esprits. Il l'aurait alors convaincu de ne pas se mettre Messi à dos, d'adoucir un peu ses méthodes et de se montrer un peu moins distant.

Quelques jours plus tard, l'entraîneur réunit ses joueurs-cadres pour éteindre l'incendie. Il a quelque chose à leur dire : « Messieurs, je mets mon avenir entre vos mains : si nous ne gagnons pas un titre, je m'en vais. » Luis Enrique a compris que la défaite face à la Real Sociedad (1-0) a laissé des traces. Ses joueurs ne comprennent pas pourquoi Messi et Neymar ont commencé le match sur le banc. Luis Enrique opte alors pour arrêter le turnover et installe un onze titulaire, dans lequel le trio Messi-Neymar-Suárez brille de mille feux. « Anoeta a tout changé », assure Messi quelques mois plus tard. Après cette discussion, le Barça aligne trente victoires, deux matchs nuls et deux défaites, et réalise un fabuleux triplé : Liga, Coupe du Roi et Ligue des champions. Messi n'est pas en reste, puisqu'il redevient lui-même. Il marche sur l'eau. Il inscrit 58 buts et réalise 28 passes décisives toutes compétitions confondues. C'est un joueur épanoui, au sommet de son art. Il a trouvé, avec Neymar et Suárez, de formidables compagnons de jeu...

15

MSN

Javier Mascherano est au four et au moulin. Il s'affaire entre sa cuisine et son jardin. Avant de préparer ses salades en cuisine, « le petit chef » s'assure que les braises rougissent dans sa *parilla* (grille à barbecue). Il veut être prêt lorsque ses invités sonneront à la porte de sa maison, située à Gavà Mar, une station balnéaire de la banlieue de Barcelone. En ce dimanche ensoleillé, le milieu argentin, Javier Mascherano, organise un *asado* (un barbecue argentin) chez lui avec les Sud-Américains de l'équipe : les Brésiliens (Neymar, Rafinha et Alves), l'Uruguayen (Luis Suárez) et Lionel Messi. Ils arrivent avec leurs femmes et leurs enfants, pour passer un dimanche en famille, entre amis. « Les *asados*, c'est un vrai moment de convivialité, pour nous, les Argentins, affirme Mascherano dans le journal *El País*. Normalement, ils se font en famille, chaque dimanche. Mais nos familles sont loin, et lorsque tu émigres, ta famille, ce sont tes amis.

Alors, ici, les *asados* se font entre amis. » L'Argentin ouvre souvent les portes de sa maison à ses coéquipiers, mais « pas tous les dimanches », insiste-t-il.

Lors de chaque *asado*, chacun a un rôle bien défini. Javier Mascherano, donc, enfile son tablier et s'occupe de faire griller ses saucisses, sa viande et ses abats. Comme d'habitude, son boucher lui a préparé la viande en respectant les coupes argentines. Javier, c'est l'*asador* en chef : « Ça me détend, ça m'aide à penser à autre chose », précise-t-il. Jusqu'à l'été 2016 et son départ pour la Juventus, Dani Alves amenait sa bonne humeur et son humour. Neymar, lui, est préposé à la musique alors que Luis Suárez est en charge du maté. Du nom d'une infusion aux herbes, très populaire en Uruguay et en Argentine, qui se boit dans une calebasse. Quant à Messi, il préfère s'amuser avec les enfants. Ce tableau, presque idyllique, d'un dimanche léger et convivial sur les bords de la Méditerranée, a été dévoilé par *El País*.

Ce n'est pas anodin que l'initiative vienne de Javier Mascherano. Un homme très « famille » qui est également l'un des intimes de Lionel Messi. Un joueur charismatique qui accompagne, qui soutient, qui écoute « la Puce » en club comme en sélection. Lionel sait qu'il peut compter sur lui. C'est un homme fidèle qui est, en plus, originaire de la même province d'Argentine que lui : Santa Fé. Depuis que José Manuel Pinto, le gardien musicien du Barça, a quitté le club, à la fin de la saison 2013-2014, le numéro 10 argentin s'est un peu plus rapproché encore du « petit chef ». Et, cerise sur le gâteau, leurs femmes s'entendent très bien.

Selon plusieurs témoins, ces *asados* du dimanche ont permis à Neymar, Luis Suárez et Messi d'apprendre à se connaître hors des terrains et de s'apprécier. « Nous nous entendons très bien, assure Messi, et c'est important d'avoir une belle relation entre nous. Parce que lorsqu'on s'entend bien en dehors des terrains, c'est tout de suite plus facile, une fois qu'on est sur la pelouse. » « Et c'est assez surprenant, lui répond Neymar. Parce que ce n'est pas courant qu'un Argentin, un Uruguayen et un Brésilien se comprennent aussi bien. C'est bizarre, mais c'est comme ça. » C'est vrai, qu'en règle générale, et surtout dans le football, ces trois nationalités ne font pas forcément bon ménage. Lorsqu'il est question de ballon rond, les Argentins, les Brésiliens et les Uruguayens entretiennent une relation passionnelle. Les derbys entre Argentins et Brésiliens ou Argentins et Uruguayens ou Brésiliens et Uruguayens ne sont jamais des petits matchs entre amis. Inutile de revenir sur la longue rivalité entre l'Argentine et le Brésil, ou sur l'esprit guerrier charrua (d'Uruguay) qui a causé bien des tourments aux uns et aux autres.

Mais – et les trois joueurs le prouvent – un Argentin, un Uruguayen et un Brésilien peuvent manger la même viande et partager le même ballon. Ce trio, devenu MSN, comme Messi-Suárez-Neymar, est né lors de la saison 2014-2015. Dès leur première saison, les trois hommes affolent les compteurs. À eux trois, ils inscrivent 122 buts et délivrent 60 passes décisives. Et les statistiques ne prennent pas en compte les actions de classe de ces trois génies qui n'ont pas trouvé le chemin des filets. Ce trio s'est construit en plusieurs phases. Car avant d'être trois, ils ont d'abord été deux. Puisque Neymar est arrivé une saison avant Suárez.

Avant de poser ses crampons sur les bords de la Méditerranée, le Brésilien est déjà considéré comme un « crack » sur le continent sud-américain. Il n'a pas encore 21 ans et c'est déjà une énorme star au Brésil. Le pays est hystérique et voit en lui un nouveau Pelé. Et cette fois-ci, les Brésiliens en sont certains, ils tiennent enfin un digne héritier, un homme qui ne les décevra pas comme tant d'autres avant lui. C'est un joueur spectaculaire et ses dribbles, ses contrôles, ses passements de jambe et ses buts font régulièrement le tour du monde. À Santos, le club de Pelé puis de Robinho, il a lui aussi laissé son empreinte. En 225 matchs officiels, il a inscrit 136 buts et délivré 65 passes décisives. Il a également remporté, entre autres, la Ligue des champions version Amérique du Sud, la Copa Libertadores, en 2011. C'est un grand talent, mais aussi un redoutable produit marketing. Ses coupes de cheveux et son look font des ravages. Les marques se l'arrachent. Les sponsors l'adorent. Il représente le football du futur. Et ce n'est pas un pari trop risqué sur l'avenir, car les spécialistes s'accordent à dire qu'il a tout pour remplacer, à terme, Cristiano Ronaldo et Messi au sommet du football mondial. Tous les dirigeants des grands clubs du Vieux Continent en sont bien conscients, et tous lui font les yeux doux et sont prêts à sortir leur carnet de chèques pour l'attirer chez eux.

Peut-être que Neymar n'aurait jamais signé avec le Barça si Sandro Rosell n'avait pas été le président de l'entité blaugrana. Et c'est là toute l'ironie de l'histoire. En effet, quelques mois après l'arrivée du numéro 11 brésilien, ce même Sandro Rosell a démissionné de son poste après les révélations des dessous de ce transfert rocambolesque. Pour l'attirer en Catalogne, Rosell, qui connaît bien les mœurs au Brésil pour avoir habité à Rio de Janeiro lorsqu'il était le directeur sport marketing de Nike sur le continent sud-américain, a su alors utiliser toute sa science. Après plusieurs mois d'enquête, la justice espagnole va démontrer que le transfert de la pépite brésilienne a coûté la bagatelle de 95 millions d'euros au Barça. Soit 38 millions de plus que le chiffre annoncé officiellement par le club. Cette différence, énorme, s'explique par les commissions en tout genre, versées aux uns et aux autres, à Neymar et à sa famille. C'est le journal *El Mundo* qui a révélé les dessous de ce transfert. Pour s'attacher les services de Neymar, le Barça aurait signé pas moins de sept contrats, à partir de 2011, avec lui et son entourage. C'est une manœuvre du club pour mieux « ferrer » son gros poisson, car Neymar n'est arrivé qu'à l'été 2013 en Catalogne. Dans l'un de ces sept contrats, le club s'engage à payer 7,9 millions d'euros pour acheter les droits préférentiels de trois jeunes promesses ; 9 autres millions sont prévus pour l'organisation de deux matchs amicaux entre le club acheteur et le club vendeur ; 8,5 millions représentent les diverses commissions données à la famille Neymar ; 2,6 millions supplémentaires pour « blinder » le transfert et 10 autres millions de prime. Il y aurait encore 2 millions de promis à Neymar s'il « accepte de jouer au poste que lui demande l'entraîneur ». Selon *Sport*, le Santos FC n'aurait reçu que 17,5 millions pour le transfert. Le reste aurait atterri dans les caisses de la société N & N, qui appartient à la famille du joueur.

Les détails de l'« opération Neymar » font scandale. Et l'affaire, à rebondissements, va longtemps faire les choux gras de la presse. Le club et ses dirigeants sont dans la tourmente. Le parquet de Madrid est ferme et ne démord pas à l'idée d'ouvrir un procès pour juger les responsables. Il se dit aussi que Messi n'a pas vraiment apprécié d'apprendre que le jeune Brésilien gagnait plus d'argent que lui. C'est dans ce contexte explosif que le numéro 11 fait ses premiers pas sur le Vieux Continent. Pas évident, surtout, et il ne faut pas l'oublier, Neymar découvre l'Espagne et son championnat, l'Europe et sa Ligue des champions. Même si le jeu est le même et que l'objectif est toujours de marquer un but de plus que son adversaire, le championnat brésilien et la

Liga, le Brésil et l'Espagne, sont deux mondes opposés. Question de culture, de rythme, de physique, d'infrastructures, de climat et de mentalité. Malgré tout son talent, Neymar a donc besoin, lui aussi, d'une période d'adaptation sur les terrains. Il arrive dans une équipe en pleine mutation, en recherche de ses nouveaux repères. Car Martino veut une équipe plus verticale, pour aller chercher la profondeur, et une équipe plus rapide en contre-attaque. Les caractéristiques footballistiques et physiques de Neymar répondent parfaitement à cette envie. C'est un joueur vertical, provocateur balle au pied et efficace dans la surface. Pedro, Alexis Sánchez, voire Iniesta et Cesc, ont l'habitude, jusque-là, d'accompagner Messi sur le front de l'attaque. Neymar prend ses marques et monte doucement en puissance. En cette première saison, il reste dans l'ombre de Messi et ce n'est pas pour lui déplaire. Il a moins de pression. Il observe le maître. Il apprend. « Lorsque Neymar est arrivé, c'était encore un gamin, affirme un proche du vestiaire. Il a toujours montré beaucoup de respect à Messi. Pas de caprices, pas de crise de jalousie ou d'envie de lui voler sa place. » Même s'il se méfie, et même s'il se montre froid, le numéro 10 argentin apprécie cette attitude. Alors un jour, et pour définitivement briser la glace, il lui demande d'arrêter de lui montrer trop de respect, d'être lui-même et d'inscrire plus de buts. Le duo Messi-Neymar est lancé et laisse entrevoir une belle complicité lors de cette première saison.

En coulisses, le club a veillé à ce que les deux hommes soient sur la même longueur d'onde. Ils ont demandé aux Costa, le père et le fils, de se rapprocher des deux stars et de leur faciliter la vie. Et, si le besoin s'en fait ressentir, de régler en douceur les conflits qui pourraient naître entre les deux joueurs. Le père, Pepe Costa, est arrivé au club en 2003. C'est un ancien collègue de Sandro Rosell au Brésil. Son rôle est celui d'un team manager, un homme proche des joueurs, qui doit s'en occuper comme s'ils étaient ses propres enfants. Au fil du temps, et lorsque Jorge, le père de Lionel, s'en est retourné vivre à Rosario, il est même devenu un intime, un confident de « la Puce », un membre important de sa garde rapprochée. Son fils, Alvarito, a le même rôle avec Neymar. Il est très proche du Brésilien à tel point qu'ils partent souvent en vacances ensemble. Le père et le fils Costa sont devenus incontournables au club, car la paix du vestiaire et celle des deux stars n'ont pas de prix. Ils veillent au grain pour que le train argentino-brésilien, lancé à grande vitesse, ne finisse pas par dérailler.

Lors de cette saison 2013-2014, Messi, même s'il a eu quelques passages à vide, comptabilise 41 buts et 17 passes décisives dans la saison. Neymar est plus discret, mais ses statistiques, pour une première expérience en Europe, sont plus qu'encourageantes (15 buts et 13 passes décisives). À la fin de la saison, les deux hommes se sont donné rendez-vous au Brésil pour une Coupe du monde qui sent la poudre. Messi est obsédé par cette compétition. Il rêve de soulever enfin un trophée avec l'Albiceleste. Et puis, devenir champion du monde chez son meilleur ennemi resterait un exploit et un pied de nez formidable pour Messi et les 40 millions d'Argentins.

Lors de ce Mondial, les pays sud-américains ont brillé par leur panache et leur talent. À chacun de leur match, les sélections du continent ont senti le renfort bruyant et passionné de leurs supporters, qui n'ont pas hésité à faire le voyage pour colmater les stades. Dans cette ambiance, souvent électrique, certaines histoires ont plus attiré l'attention que d'autres. La blessure de Neymar, en quart de finale, contre la Colombie et les larmes de Messi après la défaite de l'Argentine en finale ont fait pleurer dans les chaumières. Les deux compères ont créé de l'empathie et sont sortis grandis de ce Mondial, même si certains ne pardonneront jamais ce nouvel échec à l'Argentin. D'autres joueurs du continent ont fait parler d'eux au Brésil : Alexis Sánchez, leur acolyte au Barça, « l'enfant merveilleux » chilien, et James Rodríguez, le meneur de jeu colombien de l'AS Monaco, ont éclaboussé la compétition de leur talent. Les grosses cylindrées européennes se les arrachent. Après le Mondial, James Rodríguez signe au Real pour 80 millions d'euros. Et si Alexis Sánchez hésite d'abord à quitter le Barça, il finit par rejoindre Arsenal. Il est poussé vers la sortie par un autre Latino qui a fait couler beaucoup d'encre au Brésil : Luis Suárez.

Le bison uruguayen est un joueur à part. Une force de la nature, un bulldozer dopé au maté. Arrivé encore convalescent au Brésil, il s'est d'abord mué en héros en inscrivant les deux buts de la victoire contre l'Angleterre avant de se transformer en cannibale et de devenir l'ennemi public numéro 1. Lors du troisième match de poule contre l'Italie, Luis Suárez dégoupille à la 79e minute de jeu et mord le défenseur Giorgio Chiellini à l'épaule. Le Dracula uruguayen est de retour, lui, qui avait déjà sévi en Hollande et en Angleterre. Lorsqu'il évoluait à l'Ajax, il avait mordu, déjà, Otman Bakkal, un joueur du PSV Eindhoven. Plus tard, sous le maillot de Liverpool, il avait planté ses dents dans le bras de Brazislav Ivanović, le défenseur de Chelsea. C'est donc un multirécidiviste. La foudre médiatique tombe sur lui. L'Uruguayen est insulté, critiqué, conspué, pointé du doigt et écope d'une lourde peine : quatre mois de suspension. En clair, il ne pourra pas refouler une pelouse avant la fin octobre. C'est la (grosse) goutte d'eau qui fait déborder le vase. Liverpool n'en veut plus et lui cherche un point de chute.

En cette période estivale, si propice à faire des affaires dans le monde du football, les clubs font leur marché. Le Barça a une idée fixe : il veut un attaquant axial. C'est le souhait de Luis Enrique, car il veut associer un vrai « 9 » avec ses deux pépites. Le premier choix des Catalans se porte sur Sergio « Kun » Agüero, le Romario argentin de Manchester

City, qui est, de plus, très proche de Messi. Mais le club anglais le déclare intransférable. L'opération est très compliquée et n'est pas sûre d'aboutir. Le Barça se penche alors sur le cas Luis Suárez. Un attaquant très actif, considéré par beaucoup comme le meilleur numéro 9 de la planète. Un redoutable buteur, qui sort tout juste d'une saison à 31 buts et 12 passes décisives avec Liverpool. C'est une superbe opportunité, une affaire à saisir. Et qu'importe s'il ne peut pas jouer un match ni même fouler une pelouse du club pendant quatre mois. Et qu'importe si « le Pistolero » est instable. L'affaire se fait et Luis Suárez signe pour cinq ans au Barça. Son coût ? 80 millions d'euros. Pour montrer sa bonne volonté, Luis Suárez n'hésite pas à voir ses émoluments à la baisse (10 millions de salaire net contre 12 à Liverpool). Parce que dans un coin de sa tête, Luis Suárez a souvent rêvé, qu'il enfilerait lui aussi, un jour, le maillot blaugrana sur ses épaules. C'était son destin…

Pour lui, Barcelone, c'est d'abord la ville de l'amour. L'attaquant en devenir n'est encore qu'un adolescent lorsqu'il débarque, pour la première fois, en Catalogne. La famille de Sofia, son amoureuse d'alors devenue sa femme, avait en effet décidé de fuir la crise économique uruguayenne pour venir s'installer à Barcelone. Luis n'a que 16 ans, mais il fait comprendre aux dirigeants du Nacional de Montevideo qu'ils doivent l'aider à voyager là-bas pour voir sa Sofia. Il débarque donc un jour à l'aéroport, avec quelques billets en poche et un sac riquiqui. Il n'a jamais voyagé tout seul. Il est à moitié perdu. Mais il est prêt à tout pour Sofia, « son guide, celle sans qui rien n'aurait été possible ». Ce voyage, les deux tourtereaux s'en souviennent encore. Depuis, Luis et Sofia se sont promis qu'un jour ils viendraient vivre tous les deux, et pour de bon, à Barcelone.

Après le cauchemar brésilien, le Barça a su l'accueillir à bras ouverts et le protéger pour l'aider à remonter petit à petit la pente. Suspension oblige, il a rongé son frein pendant quatre longs mois avant de pouvoir rugir à nouveau sur un terrain. Il a profité de cette longue coupure pour s'acclimater à sa nouvelle vie, s'adapter à ses nouveaux partenaires et suivre une préparation physique très poussée. Il a également appris à dompter et à se faire accepter par le maître Messi. D'abord discret sur la pelouse, Suárez est devenu ensuite un animal enragé. Il a inscrit 25 buts et délivré 21 passes décisives tout au long d'une saison 2014-2015 qu'il a commencée deux mois après ses coéquipiers. Monstrueux. Une saison terminée par un précieux but en finale de la Ligue des champions contre la Juventus (3-1).

Depuis son arrivée au Barça, Luis Suárez semble plus serein et bien mieux dans ses crampons : « Parce qu'aujourd'hui lorsque je rentre sur le terrain, je n'ai qu'une chose en tête : savourer, prendre du plaisir, a-t-il déclaré au quotidien *La Vanguardia*. J'ai moins de pression sur les épaules car je suis entouré par de très grands joueurs. À Liverpool, je me mettais beaucoup de pression, car lorsqu'on ne gagnait pas, les critiques me tombaient dessus. Je prenais tout sur moi et au final, ça a fini par me faire mal. Ici, au Barça, c'est différent. Il y a Iniesta, Mascherano, Busquets, Neymar, Messi… » Et c'est vrai que l'Uruguayen s'est parfaitement fondu dans l'effectif du Barça.

Messi et Suárez sont d'une étonnante complicité. Sur et en dehors des terrains. L'Argentin et l'Uruguayen passent pas mal de temps ensemble. La légende dit que dès le premier jour, les deux hommes ont partagé un maté dans le vestiaire. Et que depuis ils ne se quittent plus. Ils vivent dans le même quartier, leurs enfants vont à la même garderie et leurs femmes sont très proches. « Nous venons de la même région du globe, nos cultures se ressemblent, assure Suárez. Nous aimons nous retrouver l'après-midi autour d'un bon maté. Nos deux familles se connaissent et s'apprécient. C'est important de bien s'entendre en dehors des terrains. » Depuis son arrivée, le numéro 9 barcelonais a su rester à sa place. « Parce que je sais ce que j'ai à faire sur le terrain. Chacun son rôle. Je ne vais donc pas me mettre à dribbler quatre joueurs tout d'un coup, parce que ça, ce n'est pas moi. Et puis, j'ai conscience de jouer avec le meilleur joueur de la planète. Il n'y a pas de compétition entre nous, et heureusement ! Je ne suis pas envieux et jamais je ne remettrai son statut en question. »

Luis Suárez est dans l'ombre de Messi. Et c'est

mieux comme ça. Ça aurait même tendance à l'arranger, car il peut enfin respirer. Les regards ne sont pas tous rivés exclusivement sur lui. Au Barça, Suárez est un joueur épanoui. Loin de lui les incidents qui ont émaillé sa carrière anglaise. L'Uruguayen est plus discret, mais il n'a rien perdu de son efficacité.

Suárez n'est peut-être pas aussi vif et technique que ses deux acolytes, mais son rôle est primordial au sein de ce trio. En bon Uruguayen, il a d'abord transmis aux deux artistes sa « *garra charrúa* ». Suárez est un premier défenseur infatigable, très généreux dans l'effort. Plusieurs observateurs s'accordent à dire qu'il entraîne dans sa fougue Neymar et Messi, bien plus disposés à défendre qu'avant. Son activité débordante permet de créer des brèches aux deux artificiers et ses appels sont souvent récompensés par des passes millimétrées du numéro 10 argentin.

Avec les deux autres Sud-Américains, Neymar et Messi, ils forment l'un des trios les plus impressionnants de cette dernière décennie. « Jouer avec Luis et Neymar, c'est un vrai régal, en convient Messi. Tout les deux sont des joueurs exceptionnels et en plus, on s'entend très bien sur et en dehors des terrains. Il y a une vraie alchimie entre nous. » Les trois joueurs ont créé un groupe de discussion privée sur WhatsApp pour pouvoir discuter ensemble, de football, mais pas que… Dans *El País*, Luis Fernando Verissimo, un écrivain brésilien, va même jusqu'à les comparer à des célèbres héros d'Alexandre Dumas : « Les trois s'entendent aussi bien parce qu'ils ne sont pas égoïstes, ils sont un pour tous et tous pour un, comme les mousquetaires. »

Si Suárez et Neymar ont le droit de jouer, chacun, leur partition, la hiérarchie est pourtant bien établie dans ce trio. Messi est le chef d'orchestre, le soliste et les deux autres doivent suivre la cadence imposée par le maître argentin. Dès les premières réunions entre les trois hommes, les joueurs offensifs et Luis Enrique, l'entraîneur a toujours eu le même message : « C'est Lionel qui choisit, qui impulse les mouvements. » Tout part de lui. Après un petit temps d'adaptation, les trois hommes ont rapidement trouvé leurs automatismes. En deux saisons, ils ont inscrit 225 buts et délivré 129 passes décisives à eux trois. Messi-Neymar et Suárez sont de vrais poisons et font planer une menace, permanente, sur le but adverse. Et ensemble, ils ont modifié le jeu du Barça.

« Avant eux, les joueurs du Barça gardaient jalousement le ballon, ils redoublaient les passes courtes, alors que maintenant, il leur arrive également de chercher l'espace, remarque Tostão, le Brésilien champion du monde en 1970. Ils jouent plus long et dans l'espace car ils ont les joueurs pour le faire. Messi n'hésite plus à faire de longues ouvertures vers Neymar, par exemple. Maintenant, le Barça a plus d'options dans son jeu et peut attaquer de plusieurs manières différentes. C'est un vrai changement et une évolution intéressante dans leur jeu. » « C'est vrai, répond César

Luis Menotti, que lorsque ses adversaires se montrent généreux dans l'effort pour les presser le plus haut possible, pour les empêcher de respirer, le Barça peut aujourd'hui opter pour des passes rapides et dans la profondeur. Les Blaugranas ne sont plus aussi patients qu'avant. C'est une équipe rapide et joyeuse. » Et c'est vrai que les trois compères ont le sourire radieux lorsque l'un d'eux fait trembler les filets. Ils s'enlacent, se susurrent des mots doux aux oreilles avant de se replacer et de partir à nouveau à l'attaque.

La MSN est sur son petit nuage. Rien ne l'arrête. Et rien ni personne n'a réussi à les déstabiliser. Pas encore. Et pourtant, chaque fois que la fenêtre des transferts s'ouvre, les rumeurs vont bon train. Les trois hommes sont courtisés. Des clubs sont prêts à leur offrir un véritable pont d'or pour quitter la Catalogne. Pour l'instant, Messi, Neymar ou Suárez n'ont aucune envie d'abandonner les bords de la Méditerranée. Mais ils profitent, et c'est logique, de leurs performances et de ces intérêts extérieurs pour faire monter les enchères. Dans la grille des salaires, la hiérarchie est également bien établie et bien claire. Avec un peu plus de 20 millions d'euros de salaire net par an, Messi est le mieux payé des trois. Depuis sa prolongation de contrat en juillet 2016, Neymar empoche 16 millions d'euros net. Quant à Luis Suárez, son salaire est identique à celui que le club lui a proposé au moment de sa signature : 10 millions d'euros net par an. Le Barça a, dans l'idée, de prolonger le contrat de Suárez et de revaloriser son salaire pour le rapprocher de celui de Neymar. Histoire de pérenniser ce trio et de faire en sorte que le soleil brille toujours autant dans le ciel barcelonais. Même si les trois hommes ont déjà tout gagné avec le club, ils sont encore affamés de buts, de victoires et de trophées…

Le trio infernal ne va finalement pas faire long feu. Après une saison 2016-2017 moyenne, tout juste marquée par la fameuse remontada contre le PSG en Ligue des Champions, la MSN va se disloquer. Neymar Jr décide en effet de quitter ses partenaires et signe au PSG, contre 220 millions d'Euros. Le trio devient un duo, puisque ni Coutinho, ni Ousmane Dembélé, les remplaçants de Neymar, payés à prix d'or par les Blaugrana ne réussissent à faire oublier le brésilien. Le club va quand même survivre puisqu'il remporte son 25e titre en Liga et sa 30e Coupe du Roi pour le huitième doublé de son histoire. La saison suivante, c'est Iniesta qui part couler des jours heureux au Japon. Le grand Barça, la Dream Team perd de son talent et de son football. Au mois de septembre 2020, c'est au tour de Luis Suarez de quitter le club, contre son gré et au grand désarroi de Lionel Messi. La MSN n'est donc plus qu'un lointain souvenir, une période dorée pour le club et heureuse pour Lionel Messi. Personne ne s'imaginait alors qu'une saison plus tard, en 2021, Messi allait rejoindre son pote, Neymar Jr au PSG. Ensemble et avec Kylian M'Bappé, ils forment un nouveau trio, la MNM.

16

La main dans le sac

« C'est une campagne de diffamation. Et tout ça, ça vient de Madrid. Je t'expliquerai un jour le pourquoi du comment. » Douze ans après avoir atterri en Espagne, Jorge Messi est parfaitement intégré à Barcelone. Il connaît les ficelles. Et réagit à la catalane lorsque quelque chose ne va pas : ce n'est pas de sa faute, le problème vient d'ailleurs, c'est une conspiration qui vient de Madrid, la capitale du pays.

Après le départ forcé de Vilanova, ce printemps-été 2013 est décidément bien agité. Jorge Messi tente de sauver les apparences. Il répond, tant bien que mal, aux nombreux SMS qu'il reçoit. Autant de personnes qui lui demandent des nouvelles et qui veulent savoir si son fils était, oui ou non, un fraudeur, s'il avait contourné le système fiscal grâce à des entreprises fantômes et des comptes dans les paradis fiscaux. À tous, Jorge Messi répond par « c'est une campagne diffamatoire ».

Campagne ou pas, ce scandale arrive en plein été, en pleines vacances du football en Espagne. Les médias ont donc un peu plus d'espace pour traiter le sujet. Pendant que Víctor Valdés, Gerard Piqué, Jordi Alba, Xavi, Andrés Iniesta, Cesc, Pedro et David Villa sont au Brésil pour disputer la Coupe des Confédérations, en compagnie de Neymar, le joyau brésilien qui vient de signer au Barça, Messi, lui, vaque à d'autres occupations. Il visite le showroom de Dolce & Gabbana à Milan avant de s'envoler au Guatemala pour un match amical. C'est son dernier moment de « légèreté », parce que, le 13 juin 2013, *El Mundo* sort la bombe. Sur quatre colonnes à la « une », il titre : « Messi embourbé dans un scandale de fraude fiscale ». Le titre est accompagné d'une photo d'un Messi, tête basse, qui débarque à l'aéroport de La Aurora de Guatemala City.

L'affaire fait vite le tour des rédactions. Le pays est indigné. Le contexte est en effet explosif. L'Espagne traverse alors, et depuis trop longtemps, une grave crise économique. Le pays est en récession et le chômage atteint un chiffre hallucinant : 27 %. Plus d'un Espagnol sur quatre est sans emploi. Alors, découvrir qu'une star du sport ne paie pas ses impôts a tendance à arranger tout le monde. Les médias d'abord, parce qu'ils montrent à leurs lecteurs indignés qu'ils font leur travail et que personne n'est à l'abri de leurs révélations. Aux politiques ensuite, parce que cette histoire leur permet d'envoyer un message : en période de crise, il n'y a pas de privilèges et encore moins pour les millionnaires. Enfin, ça dépend pour qui. Toutes les affaires ne sont pas traitées avec autant de zèle. Certains se sont même amusés à comparer le cas Messi avec celui du premier banquier d'Espagne et l'un des plus importants de la planète, Emilio Botín, président du groupe Santander (décédé en septembre 2014).

« Il y a deux poids, deux mesures, explique sur son blog du journal catalan *La Vanguardia* Albert Castillón. Le Trésor public s'est montré plus souple avec Emilio Botín, son frère Jaime et ses enfants. Il leur a laissé le temps dont ils avaient besoin pour régulariser leur situation après avoir découvert un compte sur lequel étaient déposés 2 milliards d'euros en Suisse. Ils ont payé 200 millions d'euros d'amende et ont ainsi évité d'être poursuivis pour fraude fiscale. L'affaire Botín a été très peu médiatisée alors que l'histoire de la possible fraude de Messi a déjà fait le tour du monde. Et en plus, les chiffres n'ont rien à voir, puisqu'on parle d'une somme 50 fois inférieure à celle de Botín. »

Selon le journaliste, qui promet d'être « libre, provocateur, engagé et sincère » sur son blog, le gouvernement utilise « l'affaire Messi » à des fins politiques.

« Le Trésor public espagnol prend un malin plaisir à montrer ses biceps. Mais le système mis en place n'encourage-t-il pas certains à essayer de le contourner ? L'Espagne est en effet le pays où les impôts sont les plus élevés. Messi, par exemple, était fortement taxé : 56 % de ses gains allaient directement au Trésor. Comment s'étonner donc que ceux qui gagnent autant d'argent n'essaient pas de frauder ? En plus, il est officiellement résident de Gavà, donc, il est imposé sur tout. Cristiano Ronaldo, qui n'est pas résident espagnol, déclare seulement 24 % de ce qu'il gagne dans notre pays. Pourquoi Messi n'est-il pas argentin aux yeux de l'administration ? Parce qu'à 11 ans, lorsqu'il est arrivé en Espagne, il n'a pas changé de nationalité à ce que je sache. Non, c'est son club qui lui a demandé, en 2005, de prendre la nationalité espagnole pour libérer une place de joueur extracommunautaire. Alors j'espère que le Barça l'aidera à payer son amende au Trésor. » La réponse de Rosell ne s'est pas fait attendre : « C'est un non catégorique. »

Les origines de Messi n'ont rien à voir avec cette prétendue fraude. Mais, il faut bien l'avouer que le fait d'être argentin ne l'a pas forcément protégé. Le traitement médiatique aurait-il été le même si Vicente del Bosque, l'ex-sélectionneur espagnol, ou Iker Casillas, l'ex-capitaine de la Roja, avaient été impliqués dans un tel scandale ? En tout cas, les médias, blogs, éditorialistes, chroniqueurs télé, polémistes en tout genre s'en sont donné à cœur joie. L'Argentin, le joueur du puissant Barça, n'a pas été épargné par toute cette faune, surtout celle originaire de Madrid. Et s'il avait été du Real Madrid, les Barcelonais auraient agi exactement de la même manière. Ainsi va l'Espagne…

Et puis, c'est plus vendeur de mettre à la « une » un footballeur, encore plus s'il est étranger, qu'un banquier espagnol. Et c'est bien moins risqué – le banquier espagnol est l'un des principaux annonceurs du pays.

Donc la prudence est de mise. En ces temps de crise, les médias doivent tout faire pour ne pas trop le froisser. *El Mundo* n'a pas fait de différence entre les deux hommes, entre les deux affaires. Deux ans auparavant, lorsque « l'affaire Botín » a été médiatisée, le quotidien espagnol a également titré, quatre colonnes à la « une », sur le riche banquier et sa famille.

Messi est dans l'œil du cyclone. Les médias se déchaînent. « Messi doit-il aller en prison ? » s'interroge même 13 TV, une chaîne marginale de la télévision espagnole. La réponse est sans équivoque : oui, à 80 %. C'en est trop pour *Sport,* un des quotidiens sportifs de Barcelone : « Guerre sale contre Messi : tels des charognards, certains médias ont décidé de détruire le crack argentin sans même attendre que lui et son père donnent leur version. Ils ont déjà condamné Messi et ils rêvent, secrètement, qu'il passe le restant de ses jours entre les barreaux. Que veulent-ils de plus ? La condamnation à perpétuité ? »

Prison ou pas. Coupables ou pas. À ce stade de l'affaire, la vraie question est simple : les Messi ont-ils, oui ou non, essayé d'échapper aux impôts ?

La réponse, selon la justice, est tout aussi simple : « oui ». La procédure a été lancée par le pôle financier du parquet de Barcelone. L'enquête est sans équivoque. Entre 2007 et 2009, les Messi auraient mis en place un montage de sociétés au Royaume-Uni, en Suisse, au Belize et en Uruguay pour éviter de payer au fisc espagnol les impôts sur les droits à l'image du footballeur.

Ces droits, que la star obtenait de la part de marques, comme Adidas, Pepsi ou Danone, se retrouvaient ainsi en Uruguay et contournaient donc le système espagnol. Les sociétés étaient créées et administrées par des avocats barcelonais qui avaient le père du joueur comme interlocuteur. Dans le dossier, la justice égrène le nom de ces sociétés : Jenbril SA et Forsy Corpoation en Uruguay, Sidefloor Ltd. au Royaume-Uni, Tubal Soccer GmbH ou Lazario GmbH en Suisse, Sports Consultants Ltd. à Belize. Le montage est complexe, car l'objectif est de cacher cet argent, qu'il disparaisse dans les méandres du système financier.

Il est bien difficile d'imaginer que Lionel Messi, dont la vie tourne autour du football, soit à l'origine d'un tel schéma de fraude. Seuls des professionnels peuvent mettre en place un tel système. Messi était encore mineur, selon la justice, lorsque son père et Rodolfo Schinocca ont mis en place ce système. Quelques années plus tard, et lorsqu'il est devenu majeur, Messi a signé là où il lui était demandé de signer. En septembre 2013, Jorge Messi a donc envoyé une lettre au juge pour lui assurer que son fils « dédiait tout son temps à jouer au football ». Comme pour mieux le disculper.

Six jours après la parution de l'article de *Sport* qui montait au front pour défendre l'idole catalane, son concurrent numéro 1, *Mundo Deportivo*, sortait une bombe à la « une » : « Messi négocie avec le Trésor ». En dessous du titre, une photo de « la Puce », qui se cache le visage avec sa main gauche, est légendée : « Messi, lors d'un match en fin de saison, est blessé et ça l'inquiète. Et maintenant, c'est l'enquête du Trésor qui l'inquiète. » Le journal catalan explique, dans son article, que les Messi sont prêts à payer « 5 millions d'euros, une somme qui correspond aux impôts de 2007, 2008 et 2009, en attendant de recalculer ceux de 2010 et de 2011 ».

Messi, c'est sûr, n'ira pas en prison. Et son père a décidé de collaborer avec la justice, pour « l'aider à éclaircir toute la situation ». L'affaire Messi ne fait pas du bien à l'idole. L'image de la star du football est dangereusement écornée. Il faut contre-attaquer. Le clan Messi décide de faire appel au Britannique Mike Lee, l'un des grands lobbyistes du sport mondial. Cet ex-chef de la communication de l'UEFA entre 2000 et 2004 est un véritable tueur. Grâce à lui, Londres, Rio de Janeiro ou Pyeongchang ont eu les Jeux et le Qatar, la Coupe du monde 2022. C'est un véritable crack dans son domaine. Alors, lorsque les Messi l'ont contacté, il n'a pas tardé à agir.

Quatre jours avant que le numéro 10 du Barça ne s'envole pour un voyage éclair au Sénégal, l'agence de Lee s'est empressée d'inviter, tous frais payés, un groupe de journalistes pour le suivre lors de ses pérégrinations. Au Sénégal, Messi doit remettre 400 000 moustiquaires frappées à son effigie afin de lutter contre le paludisme. Il est accompagné par son père, ses frères et Juanjo Brau. Cette visite est officiellement organisée par la Fondation Leo Messi, en collaboration avec l'Aspire Academy du Qatar. Lors de ce bref séjour, l'agence de Lee assure que

Messi a prononcé les mots suivants : « Après avoir vu les ravages que fait la maladie en Afrique et ailleurs sur la planète, il était important, pour moi, de m'associer au projet de l'Académie Aspire, "le football contre le paludisme". C'est donc un honneur pour moi d'être là, au Sénégal, et de faire partie de cette campagne de prévention contre le paludisme. Je crois qu'on peut se servir du football et de sa force pour informer et expliquer aux gens comment des milliers de vies peuvent être sauvées. En quatre-vingt-dix minutes, soit le temps d'un match de football, 180 enfants meurent du paludisme en Afrique. Je suis là pour combattre cette maladie et c'est pour cette raison que je donne 400 000 moustiquaires… »

Après ce voyage au Sénégal, Messi continue d'arpenter le monde. Il joue des matchs exhibitions à Chicago, à Bogotá ou à Lima. Dans la capitale péruvienne, il croise son futur coéquipier, le Brésilien Neymar. Mais ce rythme effréné commence à en inquiéter certains à Barcelone : « Leo doit prendre des vacances », écrit Josep María Minguella. « La Puce » doit faire attention à elle, se reposer pour mieux préparer une saison 2013-2014 très riche en événements et qui se terminera par la Coupe du monde au Brésil. Une compétition qui obsède Lionel Messi.

Après quelques jours de vacances à Ibiza avec sa femme Antonella, son fils Thiago et quelques amis, Messi est de retour à Barcelone. La saison vient juste de commencer, lorsque ses ennuis extra football le rattrapent…

En ce mois de septembre 2013, le tribunal de Gavà est en ébullition. Les journalistes, les caméras de télévision, les badauds, une foule compacte attendent le « Messie ». Le ciel est bleu, un soleil estival brille encore sur la ville, lorsque Lionel, veste noire et chemise blanche, arrive au tribunal de Gavà. Les flashs crépitent. Les caméras tournent. Les mots fusent. C'est un « voleur » pour certains, et « le meilleur de la planète » pour d'autres. Il est accompagné par Rodrigo, son frère aîné. Il a rendez-vous avec le juge. Il est appelé à témoigner dans le cadre de l'affaire du prétendu délit de fraude fiscale. Pendant l'été et pour montrer leur bonne volonté, les Messi ont sorti leur carnet de chèques. Le 14 août, ils ont remboursé quelque 5,1 millions d'euros au Trésor, avant de verser 10 millions d'euros supplémentaires. Une somme conséquente, mais qui se base sur une déclaration complémentaire des droits d'image des années 2010 et 2011. Mais ça ne suffit pas pour calmer la justice. Lui et ceux qui veillent à ses intérêts sont accusés d'avoir omis de déclarer quelque 4 millions d'euros. Comme depuis le début de l'affaire, Messi se déclare prêt à collaborer avec la justice et affirme, une nouvelle fois, que ce n'est pas lui qui s'occupe de l'argent dans ses affaires. Après sa déclaration, Messi quitte le tribunal et rentre chez lui. C'est maintenant à la justice de se prononcer. Elle va tergiverser.

D'abord, le parquet requiert le renvoi du père Messi, mais pas de son fils. Il estime que le joueur n'avait jamais eu connaissance de la fraude. Mais, en octobre 2015, le juge d'instruction se montre intraitable. Il ne retient pas ces arguments car il estime que « les indices de la commission d'un délit » existent bien pour les deux, pour le père et pour le fils. « L'ouverture du procès est accordée pour les trois délits à l'encontre du Trésor, dont sont accusés Jorge Horacio Messi Perez et Lionel Andrés Messi Cuccittini », ajoute le juge, avant de conclure que cette « décision est ferme et sans appel ». En clair, il y aura bien un procès Messi.

Dissimuler au fisc des droits à l'image est quelque chose d'assez courant dans le football. Et à Barcelone, Messi n'est pas le seul à s'être fait attraper avec le doigt dans le pot de confiture. Quelques semaines plus tard, son compatriote Javier Mascherano reconnaît une fraude de 1,5 million d'euros. En plus de ses aveux, il verse 1,75 million d'euros au Trésor public. Le « petit chef » argentin avait créé des sociétés à Madère (Portugal) et aux États-Unis afin d'encaisser une partie de ses revenus en 2011 et 2012. Simple et efficace. Et c'est la même méthode qu'a employée Adriano Correia, le gaucher brésilien du Barça, le troisième à s'être fait pincer en un court laps de temps. Lui aussi a essayé de camoufler ses droits à l'image. Et comme Messi et Mascherano, il aurait avoué et remboursé quelque 700 000 euros au Trésor public.

Contourner les règles. Emprunter des circuits financiers parallèles. Les footballeurs cherchent, comme d'autres, à optimiser leurs confortables revenus. Depuis le début de sa carrière, en 2005, Messi a amassé des millions. En juin 2016, le magazine américain *Forbes* affirme qu'il a, depuis 2005, gagné quelque 394 millions d'euros. Et ses revenus ne cessent d'augmenter, année après année. Les footballeurs sont devenus les sportifs les plus puissants de la planète. Ils gagnent plus d'argent que les boxeurs, basketteurs, tennismen, golfeurs ou footballeurs américains. Quatre ans plus tard, en 2020, et même si les footballeurs sont détrônés par la star des arts matriaux mixtes (MMA), Conor McGregor et ses 180 millions de dollars de revenus, Lionel Messi, lui arrive en deuxième position (130 millions), juste devant Cristiano Ronaldo (120 millions). En quatre ans donc, ses émoluments ont sensiblement augmenté...

Les sportifs, les footballeurs sont des millionnaires comme les autres finalement. Rien d'étonnant donc à voir leur nom apparaître dans les « Panama Papers ». Un scandale dévoilé par un consortium international des journalistes (l'ICIJ) qui détaille des informations sur plus de 214 000 sociétés offshore et sur les noms des actionnaires de ces sociétés. Parmi eux se trouvent des hommes politiques, des hommes d'affaires, des célébrités et des sportifs. Le nom de Messi apparaît dans ces documents. Il est indiqué que Lionel et son père sont devenus, le 23 juin 2013, les bénéficiaires économiques d'une société (Mega Star Enterprises) domiciliée au Panama. Une société créée par Mossack Fonseca, dix jours à peine après la plainte de la justice espagnole pour fraude fiscale. Les documents dévoilent également qu'en décembre 2015, Jorge Messi en était devenu l'actionnaire unique. Un nouveau scandale guette. Le clan Messi réagit au quart de tour et envoie un communiqué à toutes les rédactions : « La société panaméenne évoquée par ces informations est complètement inactive et n'a jamais eu de fonds ni de comptes courants ouverts. Nous allons envisager avec nos avocats toutes les actions légales contre les médias qui ont propagé ces informations. »

Ce communiqué veut couper court au scandale tout en mettant la pression sur les médias. Ces révélations doivent faire le moins de vague possible car elles arrivent au plus mauvais moment. En effet, les « Panama Papers » sont sortis au mois d'avril 2016, à quelques semaines du procès Messi, qui doit se tenir au mois de juin 2016. Et Lionel et Jorge risquent gros, puisque l'avocat de l'État a demandé qu'ils soient tous deux condamnés pour trois délits de fraude fiscale. Les deux risquent jusqu'à vingt-deux mois et quinze jours de prison. Malgré la lourdeur et la gravité de cette hypothétique peine, il est improbable que Lionel et Jorge aillent derrière les barreaux, car en Espagne les peines de prison inférieures à deux ans (vingt-quatre mois) sont rarement mises à exécution…

Quelques semaines plus tard, au tout début du mois de juin 2016, le procès Messi s'ouvre au tribunal de Barcelone. Encore une fois, il y a foule pour suivre le dénouement de cette affaire. Lionel Messi est attendu à la barre pour témoigner. Ensuite, il pourra s'envoler et retrouver ses coéquipiers de la sélection albiceleste pour préparer la Copa America du centenaire, aux États-Unis.

Absent lors des deux premiers jours de son procès, Lionel Messi finit par arriver au tribunal de Barcelone le 2 juin. Il est 10 h 15 lorsqu'il descend du van aux vitres teintées qui est venu le déposer. Il est toujours bien entouré. Autour de lui, les fidèles parmi les fidèles : son père Jorge et son frère Rodrigo. Lors des deux premiers jours de procès, quelques-uns de ses conseillers sont venus à la barre. Ils ont tous tenu le même discours : « Non, Lionel ne savait pas », « Il n'est pas responsable », « Ce n'est pas lui qui gère son argent ». Lors des deux premiers jours du procès, on apprend également que les agents du Trésor public sont allés plus de vingt fois chez les Messi pour éplucher les contrats de « la Puce ». « Une honte » selon la défense. « Parce que dès leur deuxième visite, ils avaient récupéré tout ce dont ils avaient besoin. » La ligne de défense, annoncée par l'avocat de la famille, est claire : « C'est la contre-attaque. »

Lorsque Lionel est appelé à la barre, il joue l'ignorance et déclare : « Moi, mon rôle, ça a toujours été de jouer au football. Je suis concentré sur mon métier. J'ai toujours eu confiance en mon père et en nos avocats. À aucun moment, je n'ai imaginé qu'ils trahiraient ma confiance. » Son témoignage fait écho à celui de son père : « Depuis le début de la carrière de mon fils et notre arrivée à Barcelone en 2001, j'ai tout fait pour lui faciliter la vie. Lui, il joue au football, et moi, j'essaie de m'occuper du reste. Mais j'avais besoin de quelqu'un pour m'aider, pour me conseiller sur toutes les questions légales autour des contrats, etc. Parce que pour moi, tout ça, c'est du chinois. » La ligne de défense de Messi n'a pas forcément convaincu l'avocat de l'État. Son réquisitoire est cinglant. Ses mots sont durs et il va même jusqu'à comparer Lionel Messi à un « parrain, d'une organisation criminelle ». Le procès se termine à la fin de la première semaine de juin. Certains continuent de penser qu'il est « un voleur », d'autres qu'il est « ignorant en la matière » pendant que d'autres encore espèrent que ce procès ne va pas le déstabiliser car ils l'attendent sur son terrain de prédilection. Le 7 Juillet 2016, Lionel Messi est finalement déclaré coupable de fraude fiscale et condamné à payer une amende de 2,1 millions d'euros et à 21 mois de prison. Mais la puce n'est pas allée derrière les barreaux car en Espagne, lorsque la peine est inférieure à 2 ans, le condamné peut échapper à l'incarcération. Quelques mois plus tard, la Cour Suprême a confirmé ce jugement et déclare Lionel et son père, définitivement coupables. Le capitaine de l'albiceleste obtient néanmoins le remplacement de sa peine de 21 mois de prison par une amende de 252 000 euros, soit 400 euros par jour d'incarcération évité. Jorge, son père, lui, a vu sa peine de prison passer à 15 mois (contre 21 initialement) et sa sanction pécuniaire à 1,3 millions d'euros (contre 1,6 à l'origine). Lui aussi doit payer une amende 180 000 euros qui correspond aux jours de prisons évités. Le tribunal explique enfin avoir pris compte, dans sa décision, de « l'absence d'antécédents judiciaires » des condamnés.

17

Une joie sans fin

« Le coach ? Il était dans son coin et en désaccord avec tout le monde. D'ailleurs, on n'a jamais compris sa soi-disant invention du faux neuf, parce que ce qu'il nous disait était incompréhensible. Et le pire dans tout ça, c'est que si Sampaoli avait décidé de jouer avec deux lignes de quatre (en défense et au milieu) lorsque nous menions 2-1 contre la France, nous aurions tenu le score et on aurait certainement continué notre aventure jusqu'en finale. »

Ce n'est pas Messi qui parle, mais c'est tout comme. Car ils étaient nombreux à penser les mêmes choses après un Mondial 2018 complètement fou, en Russie. En effet, Jorge Sampaoli, le sélectionneur argentin à la forte tête, auteur de choix déroutants, a fini par se faire lâcher par son groupe. Les rumeurs disent même que les joueurs ont terminé leur match contre la France en totale autogestion.

Et pourtant, lorsque Sampaoli a pris la tête de

l'Albiceleste le 1er juillet 2017, il était auréolé d'une belle réputation. Il avait tout pour être l'homme de la situation. C'est lui qui avait mené un séduisant Chili à la victoire lors de la Copa America 2015 après une brillante carrière dans le championnat chilien. Ce titre, historique, avait particulièrement fait mal à Messi, qui était encore à la recherche d'un premier sacre avec sa sélection et qu'il devra attendre jusqu'en 2021. Le Chili l'avait finalement emporté après une terrible séance de tirs aux buts.

En 2017, Sampaoli est donc arrivé en Argentine avec l'image d'un amoureux du beau football doublé d'un technicien perspicace et créatif. Mais, quelques mois plus tard, il a pourtant brusquement terminé son mandat, rongé par ses propres démons et son ambition démesurée. Lui, qui s'était autoproclamé représentant d'un certain progressisme, s'est mis à divaguer, à donner son avis sur tout, à s'éloigner du football, à dépasser sa fonction. Comme si ce poste lui avait perdre la raison. Un exemple ? Mauricio Macri, alors président argentin, a reçu le sélectionneur en audience privée. Il a raconté ce moment, lunaire, à des proches, quelques jours plus tard : « Nous avons certes parlé de football, mais pendant toute la première partie de la conversation, il m'a donné des conseils sur la façon dont je devais gouverner. » Un comble pour un homme qui n'a pas réussi, plus tard, à gouverner une bande de 23 joueurs en Russie.

Trois mois avant la Coupe du monde, Sampaoli

s'est même lancé dans l'aventure de l'édition et a publié un livre au titre prétentieux, *Mis latidos. Idea sobre la cultura del juego* (Mes idées sur la culture du jeu). Le coach y développe son allergie à la planification et la somnolence que lui provoquent la lecture ou l'écriture : « Je ne planifie rien. Toutes mes idées me viennent naturellement et au bon moment. Je déteste planifier. Si je planifie, j'ai l'impression d'être un employé de bureau. »

Autre exemple, autre passage : « Peut-être que mes propos donnent l'impression d'un gars super studieux. Mais je n'ai jamais été studieux, ni à l'école, ni à l'université ni lors d'un entraînement. Je ne peux pas lire un livre ; je lis deux pages et je m'ennuie. J'écris trois choses sur une feuille de papier et je suis fatigué. »

Pire, lorsqu'il daignait enfin évoquer le ballon rond, il parlait et parlait encore. Jusqu'à en donner le tournis et l'impression qu'il s'écoutait… parler.

À l'heure du coup d'envoi de ce Mondial russe, Sampaoli a déjà épuisé son crédit auprès du public et des médias argentins. Mais la vérité du terrain pouvait encore lui permettre de remonter dans l'estime des 40 millions de sélectionneurs du pays. Rien ne s'est passé comme prévu. Et dès le premier match, beaucoup se sont aperçus que ses joueurs n'étaient pas dans leur assiette.

Lors de cette première rencontre, médiocre, contre l'Islande (1-1), Messi a manqué le penalty de la gagne à la 64e minute. Cette erreur a eu le don de lui couper les jambes et la langue. Pendant quelques jours, il s'est plongé dans le silence et dans l'introspection. Vexé et déjà inquiet certainement.

Au pays, Sampaoli est raillé dans les médias et dans la rue. Dans plusieurs librairies de Buenos Aires par exemple, son livre, dont il était si fier, est accompagné d'un petit mot, cinglant : « Avant, le prix était de 275 pesos, aujourd'hui, il n'en vaut pas plus que trois. » Mieux vaut en rire, en effet.

Le second match, contre la Croatie, vire au cauchemar, puisque Modric et sa bande, punissent l'Argentine (3-0) avec 3 buts en seconde mi-temps, dont le premier, après une énorme bévue de Wilfredo Caballero, le gardien ciel et blanc. Cette humiliante défaite n'a pas permis à Messi de retrouver sa langue et elle a eu le don de l'enfoncer un peu plus dans une sorte de dépression passagère. En coulisses, les rumeurs vont bon train. Certains s'étonnent que sa femme, Antonella, et ses trois enfants n'aient pas encore mis les pieds en Russie. En 2010 et 2014, Antonella avait pris l'habitude de suivre, depuis les tribunes, chaque match de son homme. En 2018, elle n'a pas fait le déplacement pour les trois premiers matchs ni même pour son anniversaire. Et s'il y avait quelques tensions entre les deux tourtereaux ?

En Argentine, certains médias, avides de ragots, en sont persuadés. En effet, juste avant le Mondial, une vidéo, tournée par Agüero en 2016 (soit deux ans avant sa divulgation) est devenue virale en quelques heures. On y voit le grand pote de Leo répondre à un ami, face caméra : « Bon, mon ami, on se voit vite ! Et tes petites choses mignonnes, je les veux.... ». Puis la caméra panote sur un Messi, à table, en plein repas qui salue de loin, cet ami du Kun.

« Ces petites choses mignonnes » ont fait couler beaucoup d'encre et ont été l'objet de nombreuses discussions et débats... stériles. À quoi, à qui Aguero voulait-il faire référence ? Quelques années plus tard, l'énigme n'a toujours pas été résolue mais il se dit que cette vidéo n'a pas du tout plu à certaines personnes de l'entourage de Leo. Cet épisode a-t-il également influé sur l'humeur morose de la star argentine ?

Après l'Islande et la Croatie, les plus optimistes des Argentins, se sont dits que leur sélection ne pouvait pas tomber plus bas et que le match de la dernière chance, contre le Nigéria, allait leur permettre d'inverser la tendance. Dos au mur, Messi et sa bande, sont entrés sur la pelouse de la Gazprom Arena de Saint-Petersburg avec le couteau entre les dents. Un match plein de rebondissements et d'émotions et pendant lequel Leo est redevenu Messi. Un petit diable incisif et décisif. Buteur dès la 14e minute, il a ensuite continué d'appuyer sur l'accélérateur. Et, lorsque Marcos Rojo a inscrit le but de la victoire, à 4 minutes du temps réglementaire (victoire finale 2-1), la Puce argentine s'est accrochée sur son dos comme un koala sur sa branche. Une libération et un vrai moment de bonheur. Les onze joueurs sur le terrain, les remplaçants et même certains membres du staff ont couru, comme un seul homme, pour venir ensevelir Rojo et Messi, donc, qui était sur son dos. C'est l'euphorie sur le terrain, dans les tribunes et partout en Argentine. Tout le monde est alors persuadé que la mystique, qui accompagne chaque succès argentin, est de retour et que leur Coupe du Monde est enfin commencée.

Mais cette joie et l'espoir qu'a fait naître cette victoire n'ont été que de courte durée. L'Argentine va définitivement couler contre la France, en huitième de finale et ce, devant Antonella et les trois fils de Leo qui sont là, dans l'Arène de Kazan. L'Argentine est défaite 3-4 après avoir pourtant menée 2-1, au terme d'un match étrange mais attrayant par ses rebondissements et ses buts spectaculaires.

Au coup de sifflet final, et pendant que ses joueurs étaient gagnés par l'euphorie de la victoire, Didier Deschamps, le sélectionneur des Bleus s'est approché d'un joueur pétrifié par la douleur de la défaite. Messi, de dos, n'a pas tout de suite compris qui venait tenter de lui donner du réconfort. Mais ce n'était certainement pas Sampaoli qui, dès la fin du match, est allé s'isoler dans les vestiaires sans un geste pour ses joueurs. L'étreinte de Deschamps semble alors sincère, authentique. Un geste noble et salué en Argentine, de la part de celui qui, en 1998, avait remporté la Coupe du Monde en tant que joueur. Quelques instants après le match, un autre héros bleu, Paul Pogba, aura également des mots pour Leo : « Cela fait 15 ans que je regarde Messi jouer. J'apprends de lui et il me fait aimer le football. Il sera toujours mon idole. »

Mais ces louanges n'ont certainement pas aidé Leo à sécher ses larmes tant il déteste la défaite, et plus encore avec le maillot argentin sur le dos.

Ce Mondial Russe est certainement la Coupe du monde la plus incompréhensible dans la carrière de la star du FC Barcelone, et pas seulement à cause de son échec en huitième de finale.

Au Brésil, en 2014, une Coupe du monde à sept matches pour l'Argentine (ce qui ne lui était plus arrivé depuis 1990), Messi est monté en puissance tout au long de la compétition et s'est bonifié, match après match. Sans lui, l'Argentine n'aurait pas pu passer la phase de groupe. Mais même avec lui, l'Albiceleste n'a pas réussi à marquer ce but de plus qui change tout en finale, contre les Allemands. En Russie, et même si le désir de bien faire était intense, il s'est étiolé au fil des matchs pour faire place à la frustration et au fatalisme. Sur la pelouse, l'Argentine, dispersée, donnait l'image d'une sélection à la dérive, d'un groupe au bord du chaos. Sampaoli n'a pas trouvé de solutions et n'a jamais su mettre Messi dans les meilleures conditions. Comment l'utiliser ? Où et comment lui donner le ballon ?

Après 13 ans de bons et loyaux services auprès de la sélection argentine, Lionel Messi avait certainement une petite idée de l'origine du problème. Mais il n'en a jamais vraiment parlé. Une seule fois, le sujet a été abordé lors d'une interview sur Fox Sports Radio en mai 2019, et Leo a botté en touche : « Ce fut un Mondial atypique pour de multiples raisons que je préfère ne pas évoquer. »

Trois ans plus tard, c'est Angel Di Maria qui est sorti de ce silence pesant. Le gaucher du Paris Saint-Germain avait envie de clarifier certaines choses. D'abord, il a pointé du doigt les mauvaises relations qu'entretenaient l'entraîneur et son bras droit, Sebastián Beccacece. « Parfois Sampaoli disait une chose et Beccacece une autre. Ils ne communiquaient pas ou peu entre eux et se chipotaient pour des détails. On a été témoins de nombreuses altercations et au final, ça a finit pas nous affecter un peu, puis un peu plus, avant de vraiment nous pourrir la vie. C'est une Coupe du Monde à oublier, une vraie déception, un terrible gâchis. »

Après la déroute contre la Croatie, l'équipe a lancé un ultimatum à Sampaoli, a admis Di Maria. « Nous lui avons parlé, face à face, pour clarifier deux trois choses. Ensuite, il y a eu quelques améliorations, mais on partait de très loin… Dans ce genre de compétition, quand les choses commencent à déraper, c'est très difficile de redresser la barre. »

Cette frustration est restée collée à la peau des joueurs qui ont participé, l'année suivante à la Copa America 2019, où l'Argentine a été éliminée en demi-finale contre le Brésil (0-2). Sampaoli, viré après l'échec russe, avait alors remplacé par un nouveau venu, Lionel Scaloni, nommé par intérim. Un ex-professionnel, qui a longtemps défendu les couleurs du Deportivo La Corogne et celles de l'Argentine. Âgé de 41 ans à l'époque, Scaloni a été méprisé par les médias et l'opinion publique argentine. Il avait pourtant quelques atouts dans sa manche : d'abord, d'avoir porté le maillot de Newell's, l'équipe de cœur de Messi ; ensuite, il connaît la Pulga, puisqu'il partagé son quotidien en équipe nationale, notamment pendant la Coupe du monde en 2006. Autre point important, c'est la première fois depuis très longtemps que le sélectionneur a pu compter sur un soutien total et unanime des joueurs.

L'entraîneur intérimaire est donc confirmé à son poste pour devenir le 44e sélectionneur argentin de l'histoire. Une belle promotion pour un entraîneur au CV vierge puisqu'il n'avait jamais dirigé une équipe avant. Un détail qui a permis à la AFA (Fédération Argentine de football) de ne pas dépenser beaucoup d'argent puisque le contrat de Scaloni lui assure 500 000 dollars par an. À titre de comparaison, un autre Argentin, Ricardo Gareca, est payé 3,8 millions de dollars par an pour entraîner le Pérou.

L'arrivée de Scaloni a transformé le groupe au propre comme au figuré. Certains historiques comme Gonzalo Higuain et Javier Mascherano par exemple ont pris leur retraite internationale. Des éléments plus jeunes ont fait leur apparition. Ils arrivent vierges du poids des défaites en finales ou de terribles désillusions comme celle du Mondial 2018. Ce groupe, mélange d'expérience et de jeunesse, s'est vite consolidé malgré une Copa America 2019 décevante.

Puis, deux événements majeurs sont venus marquer l'année 2020. Une année historique, à bien des égards.

Le monde et le football se sont arrêtés, en mars 2020, avec la pandémie de la Covid-19.

Et, quelques mois plus tard, en novembre 2020, Diego Maradona est décédé. Une nouvelle qui a fait le tour du monde car Maradona ne pouvait pas être réduit à un simple footballeur.

Diego avait tout juste 60 ans. À sa mort, son cœur avait un poids deux fois supérieur à la normale. Il a fini par lâcher.

Lors de la veillée funèbre, au palais présidentiel argentin, les autorités ont bien eu du mal à contenir la foule venue de Buenos Aires, de sa banlieue et de tout le pays. Des milliers et des milliers d'Argentins se sont précipités aux abords du palais présidentiel pour venir rendre un dernier hommage à la dépouille de D10S. La journée s'est terminée dans le chaos et les gaz lacrymogènes car au moment de transporter le cercueil vers sa dernière demeure, dans la banlieue de Buenos Aires, ils étaient encore nombreux à être massés devant le palais présidentiel.

La mort de Maradona est rapidement devenue un sujet de controverse qui a fait beaucoup parler. Alfredo Cahe, son ancien médecin, a clairement laissé entendre que l'idole pourrait être encore en vie aujourd'hui et ce, même si l'autopsie du corps de Maradona a confirmé l'état de santé fragile de l'idole. Mariano Istraelit, un ami proche du Diego depuis 1982, nous a même confié : « Pendant plusieurs mois, il a vécu dans une maison de la banlieue de Buenos Aires. Huit mois avant sa mort, il manquait déjà de force et avait bien du mal à se lever. Mais malgré ça, il s'est approché de moi, m'a pris dans ses bras et m'a dit : "Ne m'abandonne pas, ne me laisse pas tout seul." »

Il y a beaucoup de choses que Mariano ne comprend pas. L'une d'entre elles concerne le manque de soins médicaux reçus par un homme multimillionnaire. « Lorsque je vivais avec Diego à Cuba, nous avions une liste et un pilulier des médicaments qu'il devait prendre, dont un pour le cœur qu'il devait prendre pour le reste de sa vie. J'ai découvert dans les audios qu'il ne prenait rien pour son cœur. Et il aurait dû y avoir une ambulance en permanence devant sa maison, mais il n'y avait rien. »

Quand Israelit parle des audios, il fait référence à la fuite phénoménale des audios WhatsApp échangés par Matias Morla, le puissant avocat de Maradona, et Leopoldo Luque, le neurochirurgien qui était, au moment des faits, en charge de la santé du champion du monde Mexique 86. Ils parlent de Maradona avec mépris, parfois avec affection, mais presque toujours sur un ton d'agacement. L'ancien footballeur avait déménagé deux fois ces dernières années, toujours dans des quartiers privés de la banlieue de Buenos Aires.

« J'écoute les audios de Luque, qui prétendait être son ami, et la façon dont il parle de lui... Je ne traiterais jamais un ami comme ça ! Et nous parlons d'un Maradona qui a fait fortune. Comment a-t-il pu vivre dans les maisons où il a vécu, je ne comprends pas. Je suis allé dans une maison en hiver et quand il pleuvait, l'eau coulait jusque dans les chambres. Pour moi, Diego devait avoir la meilleure maison, avec la climatisation et un bon chauffage, mais il n'avait que des ventilateurs à disposition. C'est comme s'il vivait chez l'ennemi... »

L'entourage de Maradona a beaucoup fait parler et plusieurs de ses membres font l'objet d'une enquête de la justice argentine. Des amis et des proches d'une ex-petite amie, un physiothérapeute sans diplôme et un homme de confiance qui lui donnait de la bière et du cannabis pour l'endormir.

« Parfois, j'appelais 30 fois jusqu'à ce qu'il réponde. Ils ont bloqué mon numéro sur son téléphone portable, ont changé de numéro et ne m'ont rien dit. Ils ont fait de même avec les coéquipiers de Diego de l'équipe nationale de 1986. Ils se prenaient pour Maradona. Ils ont tous senti qu'ils pouvaient parler en son nom, ils ont pris des décisions en son nom. Maradona n'était vraiment pas en grande forme physique et mentale, mais cela ne l'empêchait pas de se rendre compte qu'il était manipulé, dit son ami, qui se souvient encore du *ne m'abandonne pas*. « Un mois avant sa mort, poursuit-il, en octobre, il voulait réunir tous ses enfants pour son soixantième anniversaire. Diego junior, le fils italien, était malade et ne pouvait pas venir. Le fait de ne pas pouvoir réunir tous ses enfants l'a déprimé. Il était triste. Diego ne méritait pas de mourir comme ça. Il est mort seul, parce que les gens à côté de lui étaient des gens qui ne l'aimaient pas. »

Messi n'a pas pu dire au revoir à Maradona. Dans une interview accordée au journaliste espagnol Jordi Évole, il a raconté comment il avait appris la nouvelle. « J'étais à Barcelone, à la maison. J'ai reçu un message de mon père et j'ai immédiatement allumé la télévision et je suis resté longtemps devant pour essayer de comprendre ce qu'il se passait. Je n'arrivais pas à y croire. On savait tous que Diego n'était pas dans la forme de sa vie, mais on ne se doutait pas qu'il allait mourir aussi vite et aussi jeune. Aujourd'hui encore, j'ai du mal à y croire. »

Évole ose alors une question qui fait frémir Messi intérieurement.

– On vous a beaucoup comparé à Diego, pouvez-vous imaginer des funérailles comme celles de Maradona.

– Non, la vérité est que je ne peux pas l'imaginer, et je ne veux même pas y penser. »

Comme Pelé, Maradona n'a jamais réussi à gagner la Copa America. Messi lui, a alors déjà perdu trois finales : 2007, 2015 et 2016.

Il a lutté, souffert, pleuré, beaucoup pleuré et après une défaite, il a même annoncé son retrait de l'équipe nationale. Mais il s'est toujours relevé et bien lui en a pris car le grand jour est enfin arrivé. Et pas n'importe comment, puisqu'il ne pouvait rêver meilleur scénario : gagner la Copa America, à Rio de Janeiro, contre le Brésil.

Sept ans après avoir perdu la finale de la Coupe du Monde sur cette même pelouse du Maracanã, le capitaine argentin allait enfin pouvoir sourire. Dans un stade qui ne devait normalement pas accueillir un tel match. En effet, cette Copa America devait se dérouler, un an plus tôt, en 2020, et dans deux autres pays, en Argentine et en Colombie. Le match d'ouverture était prévu à Buenos Aires et la finale, à Barranquilla. Mais la pandémie et un climat social explosif ont conduit la Colombie, d'abord, à jeter l'éponge avant d'être imitée par l'Argentine.

Deux semaines avant le tournoi, la CONMEBOL (Confédération sud-américaine de football) était dans l'impasse car elle n'avait plus de stades ni de lieux où organiser cet événement incontournable sur le continent. Et puis le Brésil est arrivé. À un moment particulièrement critique de la pandémie, le gouvernement de Jair Bolsonaro s'est fait un malin plaisir à enfiler le costume du sauveur. La CONMEBOL lui en est éternellement reconnaissant.

Pour Messi, ce tournoi arrive au bon moment. Il est épanoui dans sa vie d'homme, au côté de sa femme et de ses trois enfants. Insubmersible, malgré son départ avorté du Barça quelques mois auparavant. Et il sait que sa sélection, malgré ses déboires, fait toujours figure de favorite dans cette compétition.

Le 14 juin, l'Argentine débute son aventure au Stade Olympique Nilton Santos de Rio de Janeiro contre le Chili, son bourreau des finales de 2015 et 2016. Malgré une nette domination, l'Argentine est tenue en échec par les hommes de Martin Lasarte (1-1). Messi a ouvert son compteur grâce à un coup franc dont il a le secret (32e). Ensuite, l'Albiceleste fait un sans-fautes en poule. Elle bat, tour à tour, l'Uruguay du duo Suarez-Cavani (1-0), le Paraguay de l'entraîneur argentin Eduardo Berizzo (1-0) et de faibles boliviens (4-1).

En quart de finale, les Argentins ne font qu'une

bouchée de l'Équateur (3-0) avant d'affronter la Colombie en demi-finale. La Selección est montée en puissance tout au long de la compétition, dans le sillage d'un Leo Messi omniprésent et efficace. Il a déjà inscrit 4 buts en 5 matchs. Mais la tension monte d'un cran contre la Colombie d'Ospina, Cuadrado ou Zapata. C'est un match haché par les fautes. Chaque équipe se rend coup pour coup. Elles n'arrivent pas à se départager à l'issu du temps réglementaire (1-1). C'est donc aux tirs au but que le billet pour la finale va se jouer. Messi, qui est le premier tireur, ne tremble pas. Et si Rodrigo de Paul, pourtant monstrueux tout au long de la compétition, loupe la cible, l'Argentine se qualifie grâce à un Emiliano Martinez en état de grâce dans ses buts.

L'Argentine composte son billet, non sans mal, et l'histoire lui donne rendez-vous au Maracanã, à nouveau. Les médias et les amateurs de ballon rond résument cette finale à un duel entre Messi et Neymar Jr. Le Brésilien, qui avait provoqué de fortes tensions à son arrivée à Barcelone, en 2013, est devenu depuis, l'un de ses meilleurs amis. Mais en finale, les amis, ça n'existe pas. Messi est à un match, une victoire, de ce titre tant espéré.

« Parce qu'il s'appelle Messi, beaucoup pensent qu'il est à part, qu'il se prend pour quelqu'un d'autre, confiait Alejandro "Papu" Gomez, joueur de Séville lors de ces semaines inoubliables de la Copa America, dans une interview accordée à *La Nacion*. Eh bien, c'est faux ! C'est un leader absolu, c'est un grand capitaine qui montre l'exemple à tous. Tout le monde veut toujours le comparer à Diego. Et ces gens-là attendent de lui qu'il crie, qu'il se batte et qu'il ait une grande gueule. Leo n'est tout simplement pas comme ça. Lorsqu'il doit hausser le ton dans l'intimité du vestiaire, croyez-moi, il le fait. Il ne parle jamais pour rien dire et pour moi, c'est une grande qualité. Aujourd'hui, il n'a plus 20 ans, il est plus mature et il sait qu'il vit ses dernières années en sélection. Il est plus ouvert, plus disponible avec tout monde. Et tout ça fait que son message passe très bien et qu'il est très apprécié par les plus jeunes et par ceux qui ont plus de bouteille. »

Quelques minutes avant le coup d'envoi, Leo a fait quelque chose d'inimaginable quelques années auparavant : parler, se tenir devant ses coéquipiers et les haranguer avant un grand match. « Je ne vais pas dire exactement ce qu'il a dit, mais il a su trouver les mots, on était morts de faim, motivés comme jamais, » a avoué le défenseur Lisandro Martínez, qui jouait à l'Ajax à l'époque, dans une interview accordée à TNT Sports.

Alejandro « Papu » Gomez, allait même plus loin dans *La Nacion* : « Il a commencé à parler et... en vérité, je ne me souviens pas des mots exacts, car je pleurais déjà. Il a dit quelque chose à propos des efforts, des familles... et mes larmes ont coulé. Nous attendions tous cette finale, les jours et les heures avant ont été terribles, l'adrénaline montait, et on arrivait enfin à l'heure du match. Leo a commencé à parler, Fideo (Di María) aussi..., et aujourd'hui je ne peux pas me rappeler ce qu'ils ont dit, je me souviens juste que je ne pouvais pas m'arrêter de pleurer. »

C'est ainsi que les hommes de la sélection sont entrés sur la pelouse du Maracanã : avec les larmes aux yeux, une énergie débordante et une envie profonde d'écrire l'histoire tous ensemble, pour eux et pour lui.

Le but d'Angel Di Maria après 22 minutes résume parfaitement cet état d'esprit : énergie, vitesse, beauté et précision. « Avant le match, a raconté Di Maria, j'avais dit à Rodri (De Paul) que le latéral (Renan Lodi) s'endormait parfois dans les phases défensives. Qu'il lâchait un peu son marquage. Sa passe est parfaite, j'ai donc pu la contrôler, me la ramener en aile de pigeon puis lober le gardien, pour inscrire le même but que contre le Nigéria, en finale des Jeux Olympiques 2008. »

Di Maria, le complice, l'ami de Leo depuis de nombreuses années en sélection. Un joueur peu chanceux, souvent blessé au plus mauvais moment. Son absence en finale de la Coupe du Monde 2014 a laissé de nombreux regrets en Argentine car, jusqu'alors, il avait été un joueur clé de la Selección tout au long du tournoi. Et certains, comme Messi, pensent qu'avec le « fideo » (« le spaghetti » pour souligner sa maigreur), l'Argentine aurait été championne du monde.

« Avant le match, Leo m'a dit que ce match ne pouvait pas nous échapper, qu'il était là pour moi et que c'était ma finale, ma revanche après toutes celles que je n'ai pas pu jouer, comme à la Copa America 2015 et 2016 ou au Mondial 2014. Ses mots m'ont touché car il m'a dit qu'avec moi, on en aurait déjà gagné, des finales. Le football est comme ça, il te joue des mauvais tours alors quand tu as l'opportunité d'avoir une nouvelle chance, il ne faut pas la gâcher. C'était écrit, cette finale au Brésil, c'était notre finale. »

À la fin d'un match heurté par les fautes et joué sur un rythme lent, Messi s'est agenouillé sur la pelouse et tous ses coéquipiers sont venus, instinctivement, se coller à lui. Ils savaient, plus que quiconque, à quel point Leo avait donné de son temps et de son énergie pour connaître pareil bonheur. Il pouvait enfin savourer un titre avec l'Argentine. Le premier depuis 28 ans pour une nation qui vit et respire football.

« J'avais confiance en ce groupe, qui est devenu de plus en plus fort depuis la dernière Copa America, en 2019. C'est un très bon groupe, saint, prêt à se sacrifier et qui est toujours allé de l'avant sans jamais se plaindre de quoi que ce soit. Cette Copa America dans des stades vides restera un moment à part. Nous étions isolés et pendant de longues semaines, nous sommes restés enfermés sans voir nos familles ni personne » a raconté Leo, la coupe dans les mains, quelques minutes après la remise du trophée. « J'ai rêvé de ce moment tellement de fois. J'avais besoin de me retirer cette épine si douloureuse qui m'a longtemps tourmenté. Au fond de moi, j'ai toujours gardé l'espoir et je me disais que ce moment finirait par arriver. Alors, là, tout de suite, je me sens heureux. Tellement heureux. Et en plus, je gagne ce premier trophée au Brésil et contre le Brésil. J'ai beaucoup pensé à ma famille, à mes parents, à mes frères et à ma sœur, qui ont aussi beaucoup souffert de cette situation. Combien de fois nous sommes partis en vacances après une défaite… Les premiers jours étaient alors d'une tristesse absolue. Cette fois-ci, tout sera bien différent. Quand on gagne, il faut toujours essayer de surfer sur cette vague et continuer sur cet élan positif. L'an dernier, lors de notre défaite en Copa America, j'avais dit à mes coéquipiers qu'ils étaient le futur de notre sélection. Et je n'avais pas tort car ils l'ont prouvé avec cette victoire à la Copa America. »

Dans ce discours fleuve, Messi n'a pas oublié Scaloni non plus, l'autre héros inattendu du football argentin. « Cette victoire, c'est également sa victoire. C'est tout son mérite. Il a construit, modelé ce groupe pour en faire une équipe solide et victorieuse. »

Deux mois plus tard et après un été complétement fou, marqué par des vacances dorées à Miami et à Ibiza, un départ de Barcelone, une arrivée au Paris Saint-Germain et un match interrompu, au Brésil par des fonctionnaires de l'Agence nationale de surveillance sanitaire (Anvisa), Messi a pu, enfin, fêter ce titre devant les siens, au stade Monumental de Buenos Aires.

L'Argentine devait alors jouer un match comptant pour les éliminatoires de la Coupe du Monde 2022 au Qatar. C'est la première fois qu'elle pouvait jouer dans un stade plein, à domicile, depuis le début de la pandémie du Covid. Un double événement donc.

La Bolivie, son adversaire du jour, ne va pas peser bien lourd face à l'euphorie de tout un peuple. L'Argentine l'emporte facilement, 3-0, grâce à un triplé de Lionel Messi. La fête est totale. Après le match, le capitaine argentin a tenté de répondre aux questions du journaliste au bord du terrain. La première question était pourtant anodine, mais Messi a fondu en larmes. Il a pleuré, pleuré et encore pleuré.

Il pleurait de joie, car le stade était à ses pieds. Le pays tout entier l'avait enfin et pleinement adopté.

Il pleurait de joie, car dix ans plus tôt, dans le stade de Colón de Santa Fe, il avait dit adieu à la Copa America chez lui et il avait entendu les sifflets et senti l'hostilité générale de ses compatriotes.

Il pleurait aussi parce qu'avec ses trois nouveaux buts, il atteignait le chiffre historique des 79 buts inscrits en équipe nationale, un record en Amérique du Sud qui lui permettait alors de dépasser le Roi Pelé et ses 77 buts.

Il pleurait enfin parce qu'il redécouvrait que, si vous vous appelez Lionel Andrés Messi, rien n'est impossible.

BIOS

SEBASTIÁN FEST (Buenos Aires, 1971) – Correspondant du journal *EL Mundo* en Amérique du Sud, rédacteur en chef du site Around the Rings et collaborateur régulier du quotidien argentin Infobae. Ex-chef des sports de *La Nacion* et de l'agence allemande DPA. Depuis 25 ans, il a couvert toutes les Coupes du monde et les Jeux Olympiques.

ALEXANDRE JUILLARD (Paris, 1977) – Il est auteur, réalisateur, producteur, basé à Paris. Ancien journaliste de *L'Équipe*, il a couvert, pendant 10 ans, l'Amérique Latine. Il a écrit deux livres traduits dans plusieurs langues (*Maradona*, en 2010, et le *Mystère Messi* en 2012) et réalisé de nombreux documentaires. En 2017, il créé Alto Prod pour pouvoir produire ses propres contenus et donner sa vision du Sport, du Digital et du Corporate.

Directeur : Jean-Louis Hocq
Directeur éditorial : Jean-Philippe Bouchard
Édition : Maxime Lafon
Couverture : Thierry Sestier
Mise en pages : Nord Compo
Fabrication : Emmanuelle Laine

MIXTE
Papier issu de sources responsables
FSC® C003309

L'éditeur de cet ouvrage s'engage dans une démarche
de certification FSC® qui contribue à la préservation
des forêts pour les générations futures.

Pour en savoir plus :
www.editis.com/engagement-rse/

Cet ouvrage a été achevé d'imprimer en octobre 2021
dans les ateliers de Normandie Roto Impression s.a.s.
61250 Lonrai (Orne)
N° d'impression : 2105446

Imprimé en France